O Paraíso

Heinrich Krauss

O Paraíso

De Adão e Eva às utopias contemporâneas

tradução:
Mário Eduardo Viaro
Professor do Departamento de Letras
Clássicas e Vernáculas da USP

Copyright © 2004 by Verlag C. H. Beck oHG, Munique
Copyright da tradução © 2006 by Editora Globo S.A.

Todos os direitos reservados. Nenhuma parte desta edição pode ser utilizada ou reproduzida – em qualquer meio ou forma, seja mecânico ou eletrônico, fotocópia, gravação etc. – nem apropriada ou estocada em sistema de bancos de dados, sem a expressa autorização da editora.

Título original:
Das Paradies – Eine kleine Kulturgeschichte

Preparação: Claudia Abeling
Revisão: Ana Maria Barbosa e Carmem T. S. Costa
Índice: Luciano Marchiori
Capa: Rita da Costa Aguiar
Foto de capa: Tapeçaria com Adão e Eva expulsos do Paraíso.
© Donny Lehman/ CORBIS

1ª edição

Dados Internacionais de Catalogação na Publicação (CIP)
(Câmara Brasileira do Livro, SP, Brasil)

Krauss, Heinrich
O Paraíso : de Adão e Eva às utopias contemporâneas / Heinrich Krauss ; tradução Mário Eduardo Viaro . – São Paulo : Globo, 2006.

Título original: Das Paradies – Eine kleine Kulturgeschichte
ISBN 85-250-4133-5

1.Cultura – História 2. Paraíso I. Título.

06-0908   CDD-306.09

Índice para catálogo sistemático:
1. Paraíso : História da cultura : Sociologia   306.09

Direitos de edição em língua portuguesa
adquiridos por Editora Globo S. A.
Av. Jaguaré, 1485 – 05346-902 – São Paulo, SP
www.globolivros.com.br

SUMÁRIO

Índice das ilustrações 9

Nota do tradutor 11

Convite ao leitor 15

O Paraíso primitivo 19

As tradições da Idade do Ouro 21
A contribuição dos gregos e dos romanos, 22 — Da Idade do Ouro para a Idade do Ferro, 25

O relato bíblico do Paraíso 28

O Jardim do Éden 28
As árvores, 31 — A corrente e os quatro rios, 32 — A primeira mulher, 34 — O encontro do homem com a mulher, 36 — Uma interpretação feminista do papel da mulher, 37

A perda do Paraíso 39
A trama bíblica, 40 — A transgressão, 42 — Uma psicologia da tentação e da vergonha, 45 — O interrogatório, 48 — A punição, 50 — A expulsão, 55

A peculiaridade do texto bíblico 60
História primitiva bíblica e pré-história da humanidade, 61 — Uma etiologia da existência humana, 62 — O tema da imortalidade, 63

A narrativa do Paraíso no cristianismo 65

Pecado original e história da salvação 66
O pecado original, 66 — A identificação da serpente sedutora com Satã, 67 — Adão como arruinador — Cristo como redentor, 69 — Eva como sedutora — Maria como redentora, 70

Conjecturas e especulações dos teólogos 72
A forma de existência no Paraíso, 73 — A diferença de sexos e a sexualidade, 75 — Uma ordenação social ideal, 79 — A idade do primeiro casal humano, 80 — A paz entre homem e animais, 81 — Cronologias estranhas, 83 — Paródias do Paraíso: o país da Cocanha e a Fonte da Juventude, 86

Adão e Eva em lendas e poesia 87
Lilith, 87 — A vida de Adão e Eva, 88 — A madeira da cruz, 89 — O *Paraíso perdido* de John Milton, 91

A simbólica do Paraíso na arte 94
Os pais primevos, 94 — A serpente, 95 — As árvores, a corrente e os quatro rios, 96 — Claustro e jardins de clausura, 99 — O jardim do Paraíso mariano como *hortus conclusus*, 100

A procura do Paraíso histórico 103
Tentativa de localização, 103 — Viagens imaginárias e cartografia medieval, 107 — As Grandes Descobertas, 110 — A exegese bíblica desde o tempo da Reforma, 112 — O encantamento da história primitiva humana, 114

Interpretações modernas 116
A proibição como instrumento da procura do Eu, 116 — A enigmática vestimenta humana de peles, 117 — As razões para a maldade da serpente, 119 — Nova luz sobre o "conhecimento do Bem e do Mal", 121 — Um pecado original desejado por Deus?, 123

O Paraíso futuro *125*

Paisagens do Além fora da tradição bíblica *127*
Os Elísios e as Ilhas dos Bem-aventurados, *128* — Experiências com a luz, nos cultos de mistério, *131* — O céu como "casa repleta de luz do hino de louvor", *132* — Mitos celestes filosóficos, *134* — Nirvana e "Terra Pura", *135*

Esperanças de futuro entre os judeus *139*
O retorno às condições paradisíacas, *139* — Os escritos visionários dos apocalípticos, *141* — O Novo Éon, *144* — O Paraíso nas viagens celestes, *146* — Os justos ressuscitados no Paraíso celeste, *148* — O livro de Daniel, *149* — Ressurreição corporal e imortalidade da alma, *151*

O Paraíso celeste dos cristãos *154*

Os escritos do Novo Testamento *154*
Um lugar de espera da ressurreição, *155* — A esperança na transformação do mundo terreno, *157* — Jerusalém celestial como finalização do Jardim do Éden, *159*

Especulações e visões *162*
Uma estadia provisória no Paraíso, *163* — Os testemunhos da mística e sua manifestação na arte, *167* — Viagens para o Além nas experiências de quase morte, *170* — A abolição oficial do espaço intermediário do Paraíso, *175* — O Jardim do Éden e o Paraíso Celeste em Dante, *177* — Desde a Reforma: um céu paradisíaco, *181*

Julgamento e Paraíso no Islã *183*
Um jardim de alegrias, *184* — A viagem celeste de Maomé, *187* — A cultura islâmica do jardim, *189*

Anexo: a esperança dos tempos paradisíacos sobre a Terra *190*
O messianismo judaico, *191* — A anunciação do reino de Cristo de mil anos, *192* — Os "entusiastas", *196* — O "Novo Mundo" nos Estados Unidos, *200* — O terceiro reino do espírito e o moderno otimismo no progresso, *202* — O "paraíso dos trabalhadores", *206* — O paraíso artificial das drogas, *207*

Epílogo 211

Abreviaturas dos livros bíblicos e dos escritos extrabíblicos . . . 215
Bibliografia 217
Índice de assuntos e de pessoas 219

ÍNDICE DAS ILUSTRAÇÕES

Bamberg, Staatsbibliothek — il.17
Berlim, Archiv für Kunst und Geschichte — il. 18
Florença, Archivio Scala — il. 7
Hastings-on-Hudson, The Newton-Cropsey Foundation — il. 24
Londres, British Museum — il. 13
Marburg, Bildarchiv Foto Marburg — ils. 9, 15, 19
Munique, Bayerische Staatsgemäldesammlungen — il. 1
Vorau, Chorherrenstift — capa
Weilheim, Artothek — il. 4

As ilustrações foram retiradas das seguintes publicações:

BIANCA, Stefano. *Hofhaus und Paradiesgarten*. Munique, 1991. — il. 21

KIRSCHBAUM, Engelbert (org.). *Lexicon der christlichen Ikonographie*. Freiburg: Herder©, 2001. — ils. 8, 11, 12

Todas as demais imagens provêm dos arquivos do autor e da editora.

NOTA DO TRADUTOR

COMO A OBRA O PARAÍSO — *De Adão e Eva às utopias contemporâneas* dispunha de muitas citações, o tradutor teve o cuidado de procurar, em cada uma, o trecho correspondente em uma versão em língua portuguesa. Agradecimentos especiais, pelo auxílio na localização de trechos citados nos originais gregos e latinos, a Érika Pereira Nunes Werner (doutoranda do Departamento de Letras Clássicas e Vernáculas — FFLCH/USP), bem como, no original árabe, ao prof. dr. Mamede Mustafa Jarouche (Departamento de Línguas Orientais — FFLCH/USP).

• As passagens bíblicas se basearam na atualização feita em 1946 pela Sociedade Bíblica do Brasil da tradução de João Ferreira de Almeida, com pequenas adaptações minhas, com a finalidade de aproximar o texto citado da tradução alemã utilizada por Heinrich Krauss, promovendo, assim, coerência com os argumentos do autor.

• Para a *Epopéia de Gilgamesh* comparou-se a tradução alemã, apresentada por H. Krauss, com a tradução (a partir do inglês) de Carlos Daudt de Oliveira (São Paulo: Martins Fontes, 2001).

- Para a *Odisséia* serviu-se da tradução de Carlos Alberto Nunes (São Paulo: Ediouro, 1997).

- Para a *Teogonia*, valeu-se da tradução de J. A. A. Torrano (São Paulo: Iluminuras, 1991). Para a outra obra de Hesíodo, *Os trabalhos e os dias*, usou-se a tradução de Mary de Camargo Neves Lafer (São Paulo: Iluminuras, 2002).

- Para a *República* de Platão, serviu-se da tradução de Enrico Corvisieri (São Paulo: Abril, 2004). Para o *Político*, a de Jorge Paleikat e João Cruz Costa (São Paulo: Abril, 1972).

- Para a *Eneida*, valeu-se da tradução de José Victorino Barreto Feio (São Paulo: Martins Fontes, 2004).

- Para as *Metamorfoses* de Ovídio, a base foi o texto da antologia de José Lodeiro. *Traduções dos textos latinos*. Rio de Janeiro/Porto Alegre/São Paulo: Globo, 1960.

- Para o *Alcorão*, transcreveu-se a tradução de Helmi Nasr (Medina: Complexo do Rei Fahd para imprimir o Alcorão Nobre, 2005).

- A tradução d'*O Paraíso perdido* empregada foi a de António José Lima Leitão (Belo Horizonte/Rio de Janeiro: Villa Rica, 1994), e a numeração dos versos seguiu o original inglês de 1996 da Penguin Books.

- Para a *Ideologia alemã* de Marx e Engels, usou-se da tradução de Luis Conceição Jardim e Eduardo Lúcio Nogueira (São Paulo/Lisboa: Martins Fontes/Presença, 1974). No livro, Heinrich

Krauss se equivocou quanto à obra (não se tratava do *Manifesto comunista* de 1848).

Todos os demais trechos, por não dispormos de traduções para o português (sobretudo alguns livros apócrifos da Bíblia), foram traduzidos diretamente da citação em alemão, de Heinrich Krauss.

MÁRIO EDUARDO VIARO
maeviaro@usp.br

Convite ao leitor

A PALAVRA "PARAÍSO" tornou-se hoje, em toda parte, mera metáfora. Fala-se tranqüilamente de um "paraíso de consumo" ou de "paraíso fiscal", e quase ninguém se pergunta o que os hotéis "Éden" querem de fato prometer, por meio do nome do jardim bíblico. Também não se pensa muito quando a indústria turística faz propaganda de férias dos seus "paraísos" com fotos de pessoas jovens e belas em praias cheias de coqueiros sob um céu eternamente azul. Quando muito, falar de "paraíso da infância" ou de uma "paz paradisíaca" revela obviamente algo da nostalgia — profundamente ancorada no ser humano — de um lugar de felicidade e de sua vontade de um retorno a uma vida despreocupada em harmonia com a natureza.

Pelo contrário, na maior parte das vezes falar do jardim bíblico do Éden e do Paraíso no além provoca associações de aborrecimento. O homem moderno pergunta ironicamente o que Adão e Eva teriam feito o tempo todo em seu Jardim do Éden, se não tivessem sido expulsos para a vida real por causa do incidente com a maçã fatal. Também a apresentação de um céu, onde se canta aleluia durante uma eternidade parece pouco atraente. Por outro lado, não se pode ocultar a fascinação a respeito do tema provocada por algumas pinturas medievais ou iluminuras de livros. O observador pode alegrar-se com o modo ingênuo de apresentação da criação da mulher a partir do corpo de Adão ou com o casal humano sob a árvore juntamente com a serpente e maravilhar-se vendo a grandiosa composição do quadro do Juízo Final com a entrada dos bem-aventurados nos jardins celestiais. Esse mesmo observador, porém, não tem acesso à riqueza de significados que homens de tempos antigos aí puderam descobrir.

O presente volume convida o leitor a um passeio pelas variadas paisagens do Paraíso, como são descritas nos mitos da Idade do Ouro e das Ilhas dos Bem-aventurados, na narrativa bíblica do Jardim do Éden, nos depoimentos dos cristãos sobre sua esperança no além ou ainda no Alcorão. Uma primeira volta o conduzirá para os locais de felicidade nos primórdios da humanidade, uma segunda lhe mostrará os lugares de moradia das almas dos justos após sua morte, mas também os cenários que se esboçaram em relação à renovação definitiva da humanidade e do mundo no final dos tempos.

Por causa de seu significado para a cultura e epistemologia ocidentais, a narrativa bíblica do Paraíso receberá comentários pormenorizados. Além disso, não deve causar surpresa que essa apresentação, que foi desenvolvida por teólogos cristãos, poetas e artistas, ocupe um grande espaço, pois nenhuma outra religião — com exceção do islamismo — tratou o assunto tão detalhadamente e de maneira tão diversificada.

O amplo campo da crença no além-túmulo, porém, foi explorado somente quando indispensável para o tema "Paraíso". Quem quiser saber mais sobre a temática do Inferno e do Purgatório pode recorrer ao livro de Jacques Le Goff, *La naissance du purgatoire* [em português: *O nascimento do Purgatório*. Lisboa: Estampa, 1993] ou ao estudo de Bernhard Lang, recentemente publicado pela editora C. H. Beck, *Himmel und Hölle, Jenseitsglaube von der Antike bis heute* (coleção "Wissen") [Céu e Inferno: a crença no além desde a Antiguidade até hoje, ainda sem tradução para o português].

Naturalmente só é possível fazer um resumo do que se encontra na tradição dos povos e religiões sobre o tema "Paraíso". O Jardim do Éden desapareceu para sempre e não está mais disponível para nenhum geógrafo, antropólogo ou botânico. As notícias do Campo dos Bem-aventurados são vagas e contraditórias, uma vez que nenhum mortal voltou de lá para informar sobre sua topografia mais exata. Mas quem acredita que não haveria muito o que relatar sobre o Paraíso subestima o número de obras a respeito do tema, que têm aparecido inclusive nos tempos mais recentes. Para nomear apenas uma aqui, cite-se a obra em três volumes do historiador francês Jean Delumeau *Une histoire du Paradis* [em português: *Uma história do Paraíso*. Lisboa: Terramar, 1992]. Nela o pesquisador, que se tornou conhecido por suas investigações sobre a mentalidade religiosa da Europa da baixa Idade Média e dos tempos modernos, compilou em mais de mil páginas tudo o que já foi dito sobre o Paraíso original e o futuro.

Como mostra o sumário, a presente obra trata ao menos os diversos e interligados aspectos do assunto "Paraíso" de forma introdutória. Porém a restrição acerca dos pormenores com que cada tema pôde ser abordado foi limitada pela editora, que queria um ensaio compreensível e informativo de modo geral, cuja extensão leva em conta a receptividade e a paciência de um leitor interessado.

Uma palavra de agradecimento para Lothar Lies SJ, professor na Faculdade de Teologia da Universidade de Innsbruck, pela revisão de uma primeira versão e pelas sugestões resultantes dessa leitura, bem como à dra. Karin Beth, que deu o primeiro impulso para o tratamento do tema, e à sua sucessora na editora, dra. Alexandra Schumacher, que acompanhou a finalização do manuscrito com conselhos e ações.

O Paraíso primitivo

Até os tempos modernos todos estavam convencidos de que a humanidade levou nos seus primórdios uma existência feliz e tranqüila, uma situação que, infelizmente, se perdeu. Sobre isso testemunham os mitos de muitos povos, bem como a narrativa bíblica do primeiro casal humano no paradisíaco Jardim do Éden, que ocupa um lugar especial em nossa civilização.

AS TRADIÇÕES DA IDADE DO OURO

A BÍBLIA NÃO É A ÚNICA A FALAR DO PARAÍSO. Um dos testemunhos mais antigos sobre a crença em um período em que a felicidade e a abundância dominavam e sobre quando as pessoas viviam sem medo dos animais selvagens e em harmonia com a divindade é o mito sumério do país da felicidade Dilmun: *"Houve uma época em que não havia serpentes, não havia escorpiões, não havia hienas, não havia leões, não havia cães selvagens e lobos. Não havia medo, nem sustos: o homem não tinha rivais... O mundo todo, todos os povos eram unidos, adoravam [o maior dos deuses] Enlil numa única língua* (ou: *com um único coração)"*. Como na narrativa do Paraíso bíblico, também se referia explicitamente ao tema da água, sempre associado no Oriente à descrição de uma vida feliz. O mito narra que o deus Enki, que criou o homem, teria se esquecido da irrigação da Terra; mas o deus-sol Uru corrigiu a "distração" de Enki e, por causa do presente da água, a terra de Dilmun, que geralmente é identificada com a ilha de Bahrein, se transformou num paraíso.

Na sua busca à imortalidade, também o herói da epopéia babilônica de Gilgamesh chega a um jardim através de um caminho subterrâneo escuro de comprimento de doze horas dobradas de caminhada, o qual pertencia à deusa da sabedoria e onde havia árvores magníficas carregadas de jóias e pedras de ônix e lápis-lazúli. Igualmente existem lendas no antigo Irã sobre um jardim, que fica sobre uma alta montanha e que pertence a Jima, o soberano, em uma Idade do Ouro. Lá crescem árvores mágicas, sobretudo a Árvore da Vida, e de lá a água corre abundantemente, trazendo fertilidade para toda a Terra.

A contribuição dos gregos e dos romanos

As tradições greco-romanas foram decisivas em nosso círculo de cultura. Relatavam sobre uma abundância primitiva da natureza, que associavam com os perfumes, com um clima estável de primavera, com a falta de sofrimento e com a paz entre os homens e os animais. O poeta grego Hesíodo (cerca de 700 a.C.) descreve uma Idade do Ouro da humanidade sob o domínio do deus Cronos, destronado posteriormente por Zeus e identificado em Roma com Saturno: Os homens "como deuses viviam, tendo despreocupado coração, apartados, longe de penas e misérias; nem temível velhice lhes pesava, sempre iguais nos pés e nas mãos, alegravam-se em festins, os males todos afastados, morriam como por sono tomados; todos os bens eram por eles: espontânea a terra nutriz fruto trazia abundante e generoso e eles, contentes, tranqüilos nutriam-se de seus pródigos bens" (*Os trabalhos e os dias*, 111-9).

Também Platão (427-348/347 a.C.) cita em seu *Político* o feliz período do domínio de Cronos: "Sob o seu governo, não havia Estado, constituição [ou seja, não havia nem autoridades nem leis] ... [os homens] tinham em quantidade os frutos das árvores e de toda uma vegetação generosa, recebendo-os, sem cultivá-los, de uma

1. Lucas Cranach, o Velho, *A Idade do Ouro*, cerca de 1530.

terra que, por si mesma, os oferecia. Nus, sem leito, viviam no mais das vezes ao ar livre, pois as estações lhes eram tão amenas que nada podiam sofrer, e por leitos tinham a relva macia que brotava da terra" (272 a-b)

De maneira semelhante, Ovídio (43 a.C.-17/18 d.C.) descreve em suas *Metamorfoses* — uma coleção de "histórias de transformações" a partir de antigos mitos e lendas — a vida feliz nos primórdios da humanidade: "A idade do ouro foi instituída primeiro, a qual, sem repressão, cultivava a lealdade e a justiça"; as pessoas não conheciam nem as viagens de barco nem as cidades fortificadas, "sem o emprego de soldado, os povos gozavam, seguros, doces lazeres"; a terra também "não ferida por quaisquer arados, dava tudo de si; e [os homens], contentes com os alimentos, produzidos sem ninguém forçar, colhiam os frutos" enquanto "a primavera era eterna, e os meigos Zéfiros acariciavam com o seu sopro tépido as flores nascidas sem semente. Logo depois também a terra não lavrada produzia searas..." (Met. I, 89-112).

Essas descrições entusiásticas dos gregos e romanos de uma primavera eterna e de uma vida sem preocupações e sem medos em meio a uma natureza exuberante, cheia de odores aromáticos, se fundirão no cristianismo com as representações que se faziam do Jardim do Éden bíblico. Já na Antiguidade, os escritores cristãos estavam convencidos de que as narrativas da Idade do Ouro teriam chegado à mitologia pagã a partir dos livros bíblicos publicados por Moisés, princípio de toda a sabedoria e conhecimento. Baseia-se para tal, por exemplo, na semelhança da descrição do jardim dos feácios na Odisséia de Homero: "Árvores grandes se criam aí dentro, com viço admirável. Vêem-se pereiras, romeiras, macieiras, de frutos esplêndidos, mais oliveiras viçosas e figos mui doces ao gosto. Nelas jamais faltam frutos, nem nunca tais frutos se estragam; já no verão, já no inverno, durante o correr do ano todo Zéfiro faz que uns madurem, enquanto crescendo vão outros" (VII, 114 ss.). Também Dante supõe, no final de sua descrição do Paraíso Terrestre, que os antigos poetas, que cantaram a Idade do Ouro, teriam pensado nesse local (Purg. XXVIII). E, ainda, Sir Walter Raleigh (cerca de 1550-1618) indica no primeiro volume de sua *History of the world* [História do mundo], um panorama histórico em forma poética, muito lido no século XVII, que o conhecimento dos antigos autores sobre o jardim dos feácios ou os Campos Elísios só poderia originar-se da descrição de Moisés acerca do Jardim do Éden.

Da Idade do Ouro para a Idade do Ferro.

Perante a atual situação precária do gênero humano pergunta-se naturalmente por que a Idade do Ouro chegou ao fim. Nos mitos, em sua maioria, os deuses foram responsáveis; como, por exemplo, ocorre nos poemas do grego Hesíodo (cerca de 700 a.C.), que, tal qual se supõe, foi influenciado por narrativas do Oriente Próximo. Segundo ele, o sofrimento humano foi um ato de desforra de Zeus no titânida Prometeu, que tinha moldado o homem. Numa disputa acerca de quais partes dos animais nos sacrifícios cabiam respectivamente aos homens e aos deuses, Prometeu teria colocado Zeus diante da escolha entre os ossos e os pedaços de carne dos animais sacrificados e teria tentado enganá-lo, pondo a carne boa dentro de uma pele feia de vaca, de modo que Zeus escolheu os ossos, que tinham bela aparência, deixando os bons pedaços de carne aos homens em suas refeições nos sacrifícios. O deus vingou-se e, para equilibrar a vantagem que tinham obtido por meio do engodo, enviou ao protegido de Prometeu uma mulher maravilhosa "incombatível... aos homens". Como primeira de todas as mulheres, "parelhas de obras ásperas", tornou-se o "belo mal" para os homens, que precisam labutar no campo o dia todo para suas mulheres (*Teogonia*, 535-602).

Numa outra obra, Hesíodo descreve a "fabricação" da mulher, que ele chama de Pandora. Conta como fora equipada por todos os deuses e deusas com aparência sedutora e adornos e, ao mesmo tempo, com lábia e astúcia e, a caminho, recebeu de Zeus um presente: um recipiente fechado, que continha todos os males e doenças, a saber, um vaso de argila, que é descrito desde o Renascimento como uma "caixa". Quando Pandora chegou à Terra, Epimeteu, que em grego significa "que refletiu depois", tomou-a como sua mulher, cheio de entusiasmo, embora seu irmão Prometeu, "o que refletiu antes", tivesse pedido cautela em aceitar um presente de Zeus. De fato, Pandora abriu (por curiosidade) o vaso e de dentro vieram todos os sofrimentos, que os homens sentiram de imediato. Só a esperança sobrou, porque Pandora rapidamente voltou a fechá-lo com a tampa (*Os trabalhos e os dias*, 60-105).

Em muitos mitos há, pelo contrário, pura e simplesmente um tipo de desgaste, personificado no tempo, que era pensado ciclicamente e que transforma a situação primitiva feliz dos homens em uma pior, antes que a situação original reapareça. Um exemplo disso é o ensinamento de Hesíodo das cinco idades que ele conseqüentemente deriva da lenda de Pandora. A partir da Idade do Ouro, as condições de vida pioram para o homem cada vez mais até a era atual, na qual as pessoas trabalham pesado e só podem domar a natureza por meio do conhecimento técnico e da capacidade (*Os trabalhos e os dias*, 110-200).

Também Ovídio conhece o tema da seqüência das diversas idades. O grego Hesíodo, cheio de orgulho, adicionava aos heróis homéricos uma idade específica, para poder transferi-los, depois da morte — num tratamento especial, do qual se falará adiante —, para as "Ilhas dos Bem-aventurados"; já o romano Ovídio insiste numa multiplicidade de idades, supostamente clássica. Apresenta outras idades em sua já citada descrição da Idade do Ouro no primeiro livro das Metamorfoses, sem indicar uma outra causa para isso a não ser a vontade de Júpiter, que destronara seu pai Cronos/Saturno: "Depois que, enviado Saturno ao Tártaro tenebroso, o mundo ficou sob Júpiter, a idade de prata sucedeu... Júpiter abreviou a duração da antiga primavera e dividiu o ano em quatro épocas, por invernos, verões, outonos desiguais e pela curta primavera [...] Então, pela primeira vez, [os homens] entraram em casas; as cavernas foram habitações, como os arbustos densos e os ramos ligados pela casca. Então, pela primeira vez, as sementes de Ceres foram lançadas em longos sulcos e os novilhos gemeram oprimidos pelo jugo". Assim, no lugar da primavera eterna já havia outras estações na Idade da Prata, inclusive as desagradáveis, de modo que os homens precisavam proteger-se delas em moradias miseráveis. Além disso, a colheita só era possível por meio de uma semeadura prévia, na qual os animais eram obrigados a trabalhar sob o jugo do arado. Após uma terceira idade, a do Bronze, na qual era típica uma raça de bronze "mais feroz pelos instintos e mais pronta para as armas horríveis, contudo não criminosa", seguiu-se a humanidade atual: "A última foi de ferro duríssimo", que o poeta caracteriza da seguinte forma: "Sem demora todo crime irrompeu na idade desse metal inferior; o pudor, e a verdade, e a boa-fé desapareceram, em lugar do que sobrevieram as perfídias e o dolo e as emboscadas e a violência e a paixão criminosa de possuir". Os homens — assim continua — começaram, a partir de então, a navegar no mar e trabalhar na terra não apenas por causa da colheita, mas também cavaram suas profundezas à procura de bronze, ou de ouro "mais nocivo que o ferro", o que conduziu os homens ao roubo, à guerra e à desconfiança incurável.

O RELATO BÍBLICO DO PARAÍSO

A NARRATIVA SE ENCONTRA nos capítulos 2 e 3 do livro de Gênesis (primeiro livro de Moisés). O texto recebeu sua edição final por volta de 400 a.C., mas remonta em suas origens possivelmente ao período entre os séculos IX e VII a.C. Baseia-se em tradições que se originam — conforme tudo que sabemos hoje ou que podemos supor — do círculo dos escribas da corte ou do templo de Jerusalém, onde os sacerdotes e os funcionários reais eram instruídos. Nesses círculos cultivava-se a assim chamada sabedoria, à qual pertenciam, na época, não só o ensinamento espiritual, tal como entendemos hoje, mas também todos os tipos de conhecimentos mitológicos, geográficos, históricos e científicos, correspondentes ao padrão do tempo nas culturas vizinhas do Egito e da Mesopotâmia.

O JARDIM DO ÉDEN

No início da narrativa aparece a descrição de uma terra deserta (Gn 2: 4-6). A partir do trecho "não havia homem para lavrar o solo" lança-se implicitamente a pergunta, cuja resposta se encontrará somente próximo do final de toda a narrativa: quem lavrará o solo?

Após a descrição de como Deus moldou o homem semelhantemente a um oleiro (verso 7), aparece o seguinte: "E plantou o

2. Lucas Cranach, o Velho, *A criação do mundo*, 1534.

Senhor Deus um jardim no Éden, da banda do Oriente, e pôs nele o homem que havia formado" (verso 8). O homem recebe, por conseqüência, não o encargo de preparar o solo; ele começa, pelo contrário, sua existência com uma atividade prazerosa, sem fadiga e preocupações. A palavra "jardim" significa um recinto onde podem ser cultivados todos os tipos de plantas úteis e decorativas por meio de um poço ou de canais artificiais de água. Até hoje, nas regiões áridas do Oriente, tais jardins são o símbolo de uma vida agradável e prazerosa, por causa de suas sombras e árvores que fornecem alimento. Essa associação é estabelecida por meio da especificação do lugar do jardim: "no Éden". Talvez antigamente possa ter designado algum lugar real, mas lembrava, em hebraico, a palavra para "delícia" e se tornou mais tarde o nome do jardim. A direção mencionada "no Oriente" remete a uma distância indeterminada, talvez com a conotação positiva: na direção do sol nascente.

Nossa designação do Jardim do Éden como "paraíso" vem do grego *parádeisos*, palavra com a qual a tradução bíblica do século III-II a.C. adaptou o empréstimo hebraico *pardes*, que vem da expressão persa *apiri-daeza* ou *pairidaeza* para um pomar cercado por um muro. Também o escritor grego Xenofonte (cerca de 430 — após 355 a.C.) havia usado a palavra *parádeisos* para os jardins reais persas devido à sua famosa beleza (*Anábase* I, 4, 10).

A palavra portuguesa "jardim" vem do francês e remonta ao germânico, como o alemão *Garten* (antigo alto alemão *garto*, médio alto alemão *garte*), e significa igualmente um terreno cercado para cultivo de plantas. Vem, como o grego *chortos* e o latim *hortus*, da raiz indo-européia **ghordo* para sebe ou barreira, pelo modo como eram usados com o objetivo de cercar. O jardim correspondia à necessidade de uma delimitação em face da vida selvagem das florestas, que era sentida como ameaçadora. Ora, somente por meio da cerca era possível um cultivo tranqüilo da natureza. A palavra latina *colere*, da qual se derivou a expressão "cultura", significa não apenas cultivar, mas também criar e cuidar.

Foi evidentemente um privilégio o homem de Deus ter sido colocado em um "jardim", em vez de ter de começar sua existência com o fatigante lavrar do solo. Alguns versos seguintes apontam sua tarefa no jardim: "para o cultivar e o guardar", deixando claro que o Paraíso não deve ser apresentado como um país da Cocanha. O homem não devia ficar ocioso, mas ativo. Seu trabalho não consistia, contudo, de um fardo nem de fadigas. Como a continuação da narrativa mostra, isso só se seria acrescido depois da expulsão do Paraíso.

As árvores

Antes que se desenvolva e conclua o relato sobre a origem do homem na descrição da criação da mulher, o jardim, dentro do qual Deus pôs o homem, é descrito com bem poucas linhas. Em seguida a passagem da beleza das árvores e do sabor das frutas mostra esse jardim como algo especial: "do solo fez o Senhor Deus brotar toda sorte de árvores agradáveis à vista e boa para alimento; e também a Árvore da Vida no meio do jardim, e a Árvore do Conhecimento do Bem e do Mal" (Gn 2: 9).

São evidentemente árvores incomuns. Por "Árvore da Vida" se entende um símbolo muito divulgado no Antigo Oriente para a ânsia humana pela vida eterna. Na Epopéia de Gilgamesh, que narra o desejo de seu herói pela imortalidade, é uma planta do fundo do mar, cuja ingestão exerceria o rejuvenescimento. Quando o herói buscava a imortalidade, Utnapishtim, um mortal transplantado para o mundo dos deuses, informou-lhe (XI, 264-71): "Gilgamesh, eu te revelarei um segredo, e algo desconhecido te contarei. Existe uma planta, parecida com um espinheiro, como a rosa ela espeta tua mão. Se tuas mãos conseguirem pegar essa planta, tornar-te-ás novamente jovem". Também entre as árvores de pomos de ouro da lenda grega, que são guardadas pelas hespérides (do grego *hespera* = noite/oeste), moradoras de uma ilha ocidental, corre o tema da Árvore da Vida, pois elas confeririam eternidade. Segundo alguns autores gregos, Hércules deve ter conseguido a imortalidade por meio dessas frutas.

Enquanto a apresentação da Árvore da Vida foi bastante difundida no Antigo Oriente, a história de uma "Árvore do Conhecimento" ocorre apenas na Bíblia. No uso lingüístico bíblico, o conhecimento é menos uma compreensão puramente intelectual e conceptual dos objetos — como entre os gregos e sua razão —, e mais uma sensação do que é salutar ou nocivo ao homem. É a capacidade de distinguir e, por conseguinte, conseguir lidar com isso. "Bem e mal" é uma expressão cristalizada, como em português "alto e baixo" ou "grande e pequeno" e engloba todo o domínio daquilo que é significativo para lidar com o ser humano, ou seja, tudo. Talvez devêssemos substituir a expressão "bem e mal" por "bom e ruim", para podermos evitar uma delimitação demasiadamente estreita desse conhecimento no âmbito moral ou dos costumes.

A *corrente e os quatro rios*

Visto que, no Oriente, um jardim sem irrigação é impensável, há o tema de uma corrente que é origem de todos grandes cursos d'água ao mesmo tempo, os quais possibilitam vida e fertilidade nos diferentes países da Terra: "E saía um rio do Éden para regar o jardim, e dali se dividia, repartindo-se em quatro braços. O primeiro chama-se Pisom; é o que rodeia a terra de Havilá, onde há ouro.

O ouro dessa terra é bom; também se encontram lá o bdélio e a pedra de ônix. O segundo rio chama-se Giom; é o que circunda a terra de Cuxe. O nome do terceiro rio é o Tigre; é o que corre pelo oriente da Assíria. E o quarto é o Eufrates" (Gn 2:10-14).

A multiplicidade dos rios, nos quais se divide a corrente original que irriga o Éden ao deixar o Paraíso, corresponde aos quatro pontos cardeais e, com isso, à totalidade do círculo terrestre. Cada canto da Terra tem, portanto, um curso d'água que fornece vida, que tem sua origem numa única fonte misteriosa. Pode-se supor que o autor bíblico quisesse estabelecer pela nomeação das correntes uma relação do mundo em que vivia. Mas somente o *Tigre* e o *Eufrates* são localizáveis, enquanto os outros dois nomes permanecem ininteligíveis. Com o país *Havilá* (talvez do hebraico *hawil* = areia), que está combinado com o *Pisom*, se quer dizer provavelmente a Arábia ("terra da areia"), que era conhecida como terra do ouro. Embora não esteja claro a qual curso d'água se faz referência, pensou-se já no Indo. Visto que se nomeia o *Giom*, que contornaria a terra de *Cuxe*, antigo nome para a Núbia ou Etiópia, quiseram identificar tal rio com o Nilo, cuja fonte misteriosa levava os geógrafos antigos e medievais a muitos tipos de especulações, até sua descoberta no século XIX.

As traduções modernas para os produtos que foram nomeados ao lado do ouro em associação com a terra de *Havilá* são aproximações que se baseiam em suposições. Por *bdélio* poder-se-ia referir a um tipo de resina transparente, possivelmente aromática, como é conseguida no Sul da Arábia a partir de arbustos de bálsamo. Por *ônix* (literalmente *shoham*), pode-se pensar na subespécie vermelha da calcedônia (SiO_2) ou também no crisoprásio verde pertencente à mesma classificação.

A primeira mulher

Após a descrição do Paraíso, que por meio da menção da Árvore do Conhecimento prepara simultaneamente os acontecimentos dramáticos do próximo capítulo relacionados a ela, o fio da criação do homem foi novamente retomado pelo narrador e levado a uma conclusão. O monólogo de Deus: "Disse mais o Senhor Deus: não é bom que o homem esteja só: far-lhe-ei uma auxiliadora que lhe seja adequada" (Gn 2: 18) lembra na sua solenidade as palavras "façamos o homem...", no primeiro relato da criação (Gn 1: 26). Evidentemente algo importante está prestes a acontecer de novo.

A afirmação lapidar "não é bom que o homem esteja só", uma máxima evidente de sabedoria de vida cotidiana, é concretizada por meio do tema da *"auxiliadora"*, que Deus quer agregar ao homem. Testemunharia certa predisposição perante o sexo feminino, se se subentende na palavra algum índice de inferioridade, só porque introduz a criação da mulher. Na verdade, a expressão hebraica, usada várias vezes nos salmos em relação a Deus, não remete a um ajudante subordinado, mas a um ajudador, que é superior, por meio de seu poder. Da mesma forma, a palavra hebraica traduzida como *"adequada"* significa tanto "algo oposto" quanto "algo complementar". Tem-se em vista a situação fundamentalmente social do homem, que não consegue desenvolver-se sem um semelhante. Em todo parágrafo sobre a criação da mulher não se fala de um auxílio ao homem para o trabalho, mas de uma verdadeira parceria com ele. Nenhuma vez o seu papel na produção de descendentes é citado.

Antes da criação da mulher, descreve-se, no entanto, a dos animais: "Havendo, pois, o Senhor Deus formado da terra todos os animais do campo, e todas as aves dos céus, trouxe-os ao homem, para ver como este lhes chamaria; e o nome que o homem desse a todos os seres viventes, esse seria o nome deles. Deu nome o homem a todos os animais domésticos, às aves dos céus, e a todos os animais selváticos; para o homem, todavia, não se achava uma auxiliadora que lhe fosse adequada" (Gn 2: 19-20). Evidentemente, a protelação serve para aumentar o suspense e salientar o caráter especial da criatura, que deverá ser, ao fim e ao cabo, realmente, uma ajuda de mesmo valor. Por conseguinte, para "adequar-se" realmente ao homem será formada não da terra, como os animais, mas "fabricada" literalmente de uma parte do corpo humano: "Então o senhor Deus fez cair pesado sono sobre o homem, e este adormeceu: tomou uma das suas costelas, e fechou o lugar com carne. E com a costela que o Senhor Deus tomara ao homem, fabricou uma mulher, e lha trouxe" (Gn 2: 21-22).

Provavelmente *"costela"* significa nada mais que uma parte fixa do corpo humano, comparável ao cerne da madeira, que os oleiros às vezes usam para dar às suas imagens um apoio firme. Significa que a matéria-prima para a criação da mulher, diferente da dos animais, que foram formados do solo, é uma indicação da identidade e similaridade de essência da nova criatura. Na utilização de *"costela"* como matéria-prima ocorre, possivelmente, um trocadilho, que se perdeu já na língua hebraica (e nas línguas modernas), mas na forma primitiva da história foi mantida. Na escrita cuneiforme suméria, o sinal para "costela" é idêntico ao de "vida".

O *"pesado sono"*, no qual Deus pôs o homem, não deve ser interpretado como um tipo de anestesia. Talvez se deva esclarecer que somente Deus participou do momento da criação. Mas poderia ser também que o autor bíblico tivesse pensado em um tipo de experiência mística, que, como numa outra passagem do Gênesis, na história de Abraão (15: 12), suspendesse todas as percepções dos sentidos, para introduzir uma grande e decisiva revelação.

O encontro do homem com a mulher

Deus em pessoa, assim prossegue, "lha trouxe" — ou seja, da mesma forma que o condutor da noiva, como os comentaristas antigos gostam de observar. Deus já havia levado antes ao homem os animais com a tarefa de os nomear. A nomeação tinha, porém, mostrado que entre eles não se podia encontrar nenhuma "auxiliadora que lhe fosse adequada". Completamente diferente é a reação do homem ao ver a mulher. Ele entra, dessa vez, em êxtase imediato e se torna um poeta, quando exclama alegre:

"Esta, afinal, é osso dos meus ossos e carne da minha carne; chamar-te-ei varoa, porquanto do varão foi tomada" (Gn 2: 23).

A primeira fala que ouvimos do homem é, de fato, em hebraico, um pequeno poema, que responde ao monólogo de Deus, no verso 18 "não é bom que o homem esteja só...". O homem confirma, pois, que foi achada "afinal" uma criatura que é adequada a sua própria identidade. De forma imperceptível o conceito genérico "homem" transformou-se em "varão", tornando-se realmente um ser humano apenas no encontro com a mulher.

A formulação "chamar-te-ei varoa, porquanto do varão foi tomada" é um trocadilho na língua hebraica, visto que *isha* (mulher) é a forma feminina de *ish* (homem). Um paralelo seguro se encontra na língua inglesa, em que *"woman"* é formado a partir de *"wife of a man"*. Com a denominação de "varoa" o homem reforça a igualdade com a nova companheira, mas manifesta, ao mesmo tempo, que agora também sabe quem ele próprio é. Só a criação da mulher o faz um "varão", a ele, que inicialmente era assexuado. Com a expressão "osso dos meus ossos e carne da minha carne" se designa na Bíblia uma estreita semelhança, como em Gn 29: 14, quando Labão, com as mesmas palavras, declara seu parentesco a seu sobrinho Jacó.

Finalmente, o autor bíblico pede pessoalmente a palavra, comentando a exclamação entusiasmada do homem fascinado pela visão da mulher: "Por isso deixa o homem pai e mãe, e se une à sua mulher, tornando-se os dois uma só carne" (Gn 2: 24). Sua declaração de que homem e mulher se tornarão "uma só carne" não deve ser entendida, de forma demasiadamente estreita, como o contato sexual. O hebraico bíblico não tem uma palavra própria para "corpo" e fala, em vez disso, de "carne". Com isso se quer dizer, contudo, todo o ser humano: seu ser, sua identidade com "corpo e alma". Entendendo melhor, adjudica-se à ligação entre homem e mulher um valor integrativo dos mais altos. É uma unidade de duas pessoas, que possui, ela própria, uma nova qualidade. Sobre isso alude também Jesus, quando cita a passagem na discussão sobre o divórcio (Mt 19: 5).

Uma interpretação feminista do papel da mulher

O texto sobre a criação da mulher é estigmatizado às vezes hoje como sexista, pois enquanto no início do Gênesis, no relato da criação, homem e mulher foram criados ao mesmo tempo como tendo abertamente os mesmos direitos — "Criou Deus, pois, o homem à sua imagem, à imagem de Deus o criou: homem e mulher os criou" (Gn 1: 27) —, a mulher parece ser, na narrativa do Paraíso do segundo capítulo, somente uma — por assim dizer — idéia posterior de Deus, a qual serviu apenas para dissipar a solidão do homem.

Mas não se faz entender também de modo completamente diferente essa ordem da criação do homem e da mulher, assim como o "material" do qual a mulher foi "fabricada"? De fato, algumas estudiosas da Bíblia extraíram, a partir da leitura dessa história, que a mulher foi pensada como o ápice dos eventos da criação. Elas também viram, na declaração de que Deus fez a mulher a partir da "costela" de Adão, uma indicação da sua singularidade, visto que todos os outros seres vivos — inclusive o homem — foram feitos do "pó da terra". A continuação da narrativa indica que a mulher até ocuparia, em seguida, o papel de liderança, pois ela atuará na subseqüente história da tentação como porta-voz, cuja decisão é aceita pelo homem, e é punida, após a transgressão, com a inversão da situação precedente, isto é, com a submissão ao homem. Essa interpretação, assim se diz, esclareceria melhor por que a serpente se dirigirá à mulher, e não ao homem, do que as interpretações, correntes até o dia de hoje, de exegetas, na sua maioria homens, segundo os quais a mulher tenderia à irracionalidade devido a sua psique mais fortemente emotiva e, por isso, seria mais fácil de ser influenciada.

Vemos que a descrição da criação da mulher permite distintas interpretações. É verdade que o autor bíblico, como de costume, narra de uma perspectiva patriarcal e masculina, quando fez provir a mulher do corpo do homem, na contramão dos processos naturais, que teriam, de fato, exigido uma "mãe primitiva". Mas não há nenhuma dúvida que a própria narrativa deveria fazer clara não só a identidade de nascimento do homem e da mulher, mas também talvez sua primazia inicial. Essas e outras passagens permitiram ao famoso crítico literário norte-americano Harold Bloom supor que certos trechos da narrativa tenham sido produzidos por uma mulher da corte do rei Davi ou Salomão e mais tarde introduzidos no Gênesis.

Seja como for, é notável que a Bíblia dedique à criação da mulher uma apresentação tão detalhada, mais do que em qualquer outra mitologia do Antigo Oriente. Utiliza-se de exatamente tantas palavras — a saber, dezesseis no original hebraico — quantas para a criação do homem. Isso não deve ser coincidência, visto que o texto é elaborado com muito cuidado.

A PERDA DO PARAÍSO

O leitor moderno gosta de ridicularizar a primeira parte da narrativa do Paraíso, que trata da criação e da estada bem-aventurada do primeiro ser humano no Jardim do Éden, e considerá-la um testemunho poético da ingenuidade pré-científica. Na sua segunda parte, confronta-se, porém, com declarações que se opõem a seu sentimento de vida atual. O que o incomoda são menos os traços míticos e fabulosos da narrativa, como o comportamento de uma serpente falante ou a caminhada de Deus no jardim pela viração do dia, e mais as representações ligadas à narrativa de culpa e punição. O duro castigo por apenas comerem uma fruta parece completamente exagerado. O homem moderno não compreende por que todo mal de que padece — a morte, a fadiga do trabalho e as dores do parto — possa ser resultado de um único deslize, cuja maldade não é de modo algum compreensível. Como especialmente chocante sente também — sobretudo a mulher — a declaração sobre o papel eminente da mulher no delito, bem como sobre sua punição com as dores do parto e sua submissão ao homem.

A compreensão exata da narrativa do pecado original é agravada pelo fato que nunca é tratada nas pregações e na instrução religiosa, para não falar de sua banalização impensada e nivelamento por baixo na conversação quotidiana. Assim, o leitor traz consigo, na maioria das vezes, um preconceito que vê os únicos elementos da narrativa sob um ângulo que de modo algum equivale à intenção narrativa original. Parece, portanto, oportuno apresentar por meio de uma leitura exata o que a Bíblia de fato disse e o que não disse sobre o acontecimento fatal no Jardim do Éden. Muitas das citadas dificuldades, se não todas, deverão ser resolvidas por si só.

A *trama bíblica*

A dramática da narrativa tem seu desfecho, na descrição do Paraíso, na citação das duas árvores especiais. Comer dos frutos da Árvore da Vida foi abertamente permitido ao homem, pois ele deveria, como Deus expressamente disse, comer "de toda árvore do jardim". Portanto, os seres humanos teriam podido prolongar sua existência no Paraíso de forma ilimitada sem o "pecado original". A única exceção diz respeito à outra árvore: "mas da Árvore do Conhecimento do Bem e do Mal não comerás; porque no dia em que dela comeres, certamente morrerás" (Gn 1: 16-17).

Pode-se supor que com "conhecimento" não se quer dizer onisciência e onipotência, iguais às de Deus, mas uma capacidade rudimentar para a totalidade do saber teórico e prático, como se observa comumente como característico do ser humano. Para essa interpretação se diz — também quando não se quer esgotar em demasia a lógica interna da narrativa numa linguagem mítica — que o homem já possuía uma capacidade de conhecimento limitada antes do pecado original: ele era, por exemplo, capaz de nomear os animais e criar um poema para a mulher; ela pôde, como se dirá daqui a pouco, perceber a beleza do fruto proibido, e ambos já sabem falar.

Não há nenhuma justificativa pormenorizada para a proibição. A continuação da narrativa apenas mostrará que o homem não pode ter ao mesmo tempo a imortalidade e a capacidade de conhecimento típica dele após o pecado, como Deus dirá expressamente (Gn 3: 22). O aviso de que terá de morrer após comer do fruto proibido não deve ser entendido tanto como uma ameaça de punição, mas como afirmação sobre a incompatibilidade entre a vida eterna e o conhecimento. De fato Deus não deixará o casal humano morrer no dia em que comeram da Árvore do Conhecimento.

3. Pintor desconhecido, *O jardim do Paraíso*, 1491.

A morte é resultado apenas do impedimento do acesso à Árvore da Vida pelos humanos expulsos do Paraíso.

A transgressão

Os últimos dizeres no capítulo 2: "Ora, um e outro, o homem e sua mulher, estavam nus, e não se envergonhavam" (Gn 2: 25) deram margem, posteriormente, a especulações de todo tipo sobre os detalhes mais exatos das condições de vida no Paraíso, por causa da citada nudez do primeiro casal, por exemplo: se o casal humano no jardim já conhecia algo como a sensualidade e se mantinha relações sexuais. Ao contrário da introdução do capítulo, que apenas foi examinado na Idade Média, os dizeres são, no entanto, inequivocamente uma introdução ao parágrafo em que se inicia o tema da transgressão, que terminará com o impulso de vestir sua nudez: "... coseram folhas de figueira, e fizeram cintas para si" (Gn 3: 7).

A ação verdadeira é apresentada com o comportamento de um tentador: "Mas a serpente, mais sagaz que todos os animais selváticos que o Senhor Deus tinha feito, disse à mulher: É assim que Deus disse: Não comereis de toda árvore do jardim? Respondeu-lhe a mulher: Do fruto das árvores do jardim podemos comer, mas não do fruto da árvore que está no meio do jardim, disse Deus: Dele não comereis, nem tocareis nele, para que não morrais. Então a serpente disse à mulher: É certo que não morrereis. Porque Deus sabe que no dia em que dele comerdes se vos abrirão os olhos e, como Deus, sereis conhecedores do Bem e do Mal" (Gn 3: 1-5).

A astúcia da serpente se mostra em seu hábil procedimento. Sua fala é cheia de meias verdades ou de formulações ambíguas. Na promessa: "É certo que não morrereis", com a qual atenua o medo patente da mulher, está um elemento verdadeiro, uma vez que o comer da árvore de fato traz conhecimento, sem que conduza à morte instantânea. A serpente não leva em consideração, porém, a inevitável relação entre imortalidade e conhecimento, ou seja, que os homens não podem ter ambos ao mesmo tempo, segundo a palavra de Deus. Também os dizeres "no dia em que dele comerdes se vos abrirão os olhos e, como Deus, sereis conhecedores do Bem e do Mal" são parcialmente verdadeiros, visto que o homem de fato adquirirá um conhecimento comendo da árvore, que é semelhante àquele de Deus. No entanto, chega-se à conclusão que esse conhecimento não é tão amplo a ponto de fazer os homens iguais a Deus. Mesmo nas palavras famosas da serpente: "como Deus sereis" fica pouco claro se a promessa é de uma igualdade essencial ou se quer dizer apenas uma capacidade de conhecimento até então limitada a Deus.

Acontece então o que tinha de acontecer: "Vendo a mulher que a árvore era boa para se comer, agradável aos olhos, e árvore desejável para dar entendimento, tomou-lhe do fruto e comeu, e deu também ao marido, que estava ao seu lado, e ele comeu" (Gn 3: 6). A afirmação "vendo a mulher" mostra que se estabelece uma nova seqüência de ações. O tentador, na figura da serpente, dirigiu o olhar da mulher para a árvore com suas insinuações, mas ela tomará, na perspectiva da serpente, decisões de sua própria responsabilidade. A descrição de sua sensação subjetiva faz entrar em questão o paladar — pelo menos em antecipação —, ao pensar em quão delicioso seria comer da árvore, da mesma forma que a visão, pois era "agradável aos olhos". Nesta euforia provocada pelo estímulo dos sentidos, a mulher achou extremamente sedutor, com base nas informações oferecidas pela serpente, que comer do fruto desse entendimento. O texto não diz, como às vezes se afirma, que a mulher quis ser "como Deus", embora naturalmente seu desejo se dirigisse de forma implícita ao conhecimento que havia sido atribuído a Deus pela serpente.

O ponto final do processo psíquico que ocorre na mulher é descrito apenas com algumas poucas palavras: "tomou... e comeu". Sua decisão explicitamente espontânea de tomar dos frutos e comer torna-se suficientemente plausível pela conversa precedente com a serpente. Pela indicação que o homem "estava ao seu lado", somos informados que a mulher não estava sozinha. Ele aceita pura e simplesmente a decisão da mulher. Que ele apenas coma o que a mulher lhe dá se explica pela solidariedade do casal, símbolo do ser humano em sua totalidade.

Qual a decepção, porém, quando: "abriram-se, então, os olhos de ambos; e, percebendo que estavam nus, coseram folhas de figueira, e fizeram cintas para si" (Gn 3: 7). Em vez de obterem um conhecimento semelhante ao de Deus, como a serpente havia prometido à mulher, os seres humanos reconheceram sua nudez. O texto, por ser muito contido, apenas faz suspeitar o que quer dizer com essas palavras. Foi a descoberta da diferença de sexos que provocou o medo e a insegurança um diante do outro? Ou foi a percepção da contradição entre a alta ambição de semelhança com Deus e a realidade da existência humana na sua frágil e indefesa corporalidade? Ambas as coisas podem misturar-se nos dizeres.

No casal humano ocorreu obviamente a mudança que se observa quando as crianças "atingem o uso da razão". De forma característica construímos aqui também uma relação entre o conhecimento e a consciência da nudez. Só as crianças "insensatas" lidam desembaraçadamente com sua nudez. É, porém, improvável que o texto veja na ingestão do fruto proibido uma consumação do ato sexual, como a interpretação costumeira gosta de insinuar. A Bíblia parafraseia as relações do homem com sua mulher às vezes com a palavra "conhecer", que tem seu significado primário em hebraico "familiarizar-se com algo" ou "ser íntimo", como talvez diríamos hoje. A associação mental incorrigível entre comer o fruto da Árvore do Conhecimento e o exercício da sexualidade humana tem, porém, somente um apoio no texto, quando, daqui em diante, "um homem conhecer uma mulher" também aparecer como possibilidade de sentido de "ter relação sexual". Assim, a concepção dos filhos também logo será um assunto, um "conhecimento" no sentido de relação sexual quando do nascimento de Caim (Gn 4: 1), portanto, após a expulsão do Paraíso.

O "fazer cintas" conclui o parágrafo da narrativa, que havia começado com o trecho em que o casal humano não se envergonhava um diante do outro. Mostra, aliás, uma segunda ação, bastante modesta, acrescentada pela capacidade de conhecimento recém-adquirida. Os homens não apenas reconhecem que algo não lhes seja bom, mas também desenvolvem um espírito inventivo para remediar a falta das coisas. Aqui se evidencia o conceito típico da Bíblia de "conhecimento", que inclui, como já mencionado, além da faculdade de diferenciar as coisas, também a capacidade de lidar com elas posteriormente.

Uma psicologia da tentação e da vergonha

Surpreendente é a precisão com que o autor bíblico, com poucas palavras e com ainda menos espaço, lança o olhar sobre a alma humana. Isso vale também para a fascinação que a mulher exerce sobre o homem quando Deus lhe traz a companheira. O auge da arte representativa é, porém, o diálogo entre a serpente e a mulher. Pode ver-se aí muito minuciosamente uma "psicologia da tentação", observada freqüentemente com um conflito interno entre um dever e uma inclinação. De fato, reconhece-se, na narrativa, a experiência humana comum de que toda proibição desperta ressentimentos. Além disso, ela nos conduz a questionar a abrangência e a justiça da proibição, a proporção da pena prevista e, entre outras coisas, os motivos de quem decretou a proibição.

A serpente começa a conversa envolvendo a mulher numa discussão sobre o que Deus teria dito de fato. A aparentemente inofensiva indagação sobre se Deus na verdade havia dito que não se podia comer de nenhuma árvore (Gn 3: 1) é um primeiro passo para ultrapassar as inibições perante a transgressão. Além disso, a serpente inverteu de maneira finória os dizeres originais: "De toda árvore podereis comer, exceto...". Ela apresenta Deus como um legislador duro, cuja marca mais saliente é proibir tudo, enquanto Ele, na verdade, dava provas de ser um benfeitor generoso, que permitiu ao casal humano saborear todos os frutos do jardim com uma única exceção. Na sua resposta, a mulher se sente obrigada a corrigir o exagero da serpente e a limitar a proibição divina à árvore no meio do jardim. Reforça, contudo, a ameaça de morte ligada com o comer dessa árvore acrescentando "nem tocareis nele, para que não morrais" (Gn 3: 3).

Nesta proibição, citada pela mulher sobre o toque, que Deus não havia mencionado, mas que apenas se apóia em sua fantasia, muitos exegetas vêem acertadamente um índice de resistência interna, que coloca em questão o sentido do regulamento da exceção de uma árvore e a crença da punição. A serpente não detalha a objeção, mas aproveita apenas a palavra-chave "morrer", que deixa visível o medo da mulher pela punição. Atenua a ambivalência na mulher afirmando "É certo que não morrereis", o que é verdade, uma vez que a ameaça de morte não será cumprida de imediato. Novamente cheia de astúcia, aumenta a desconfiança da mulher com as palavras: "Deus sabe que no dia em que dele comerdes se vos abrirão os olhos e, como Deus, sereis conhecedores do Bem e do Mal" (Gn 3: 5), conduzindo o pedido divino a motivos egoístas: Deus gostaria de impedir que os homens fossem como Ele e obtivessem o conhecimento ligado a isso. Afirmando conhecer a intenção de Deus que está por trás da proibição, a serpente consegue minar a confiança da mulher no altruísmo e no cuidado de Deus. Por meio da suposição pérfida de que Deus gostaria de alijar do homem o bem do conhecimento, consegue atingir seu objetivo sem um convite expresso à transgressão do pedido divino. Ora, a mulher quer, por conseguinte, possuir de imediato esse bem que lhe parece injustamente alijado, e seu medo diante das possíveis conseqüências passa para segundo plano — um mecanismo psicológico, que todo mundo conhece suficientemente por sua própria experiência.

É notável também como o autor lida antes e depois da transgressão da proibição divina com o fenômeno da vergonha e da vestimenta. A vergonha é uma reação humana que não é facilmente explicável. Surge quando uma pessoa se sente exposta diante de si mesma ou dos outros, seja por uma falha real ou imaginária, seja pelo sentimento de insuficiência numa situação concreta. Com freqüência é mostrada como timidez condicionada sexualmente diante do outro, mas seu comportamento não pode ser limitado a esse âmbito.

No caso da nudez, o vestir-se é uma reação de autoproteção, originário da consciência de que o homem é mais do que pode mostrar-se em sua simples corporalidade. Falando no texto bíblico de "cintas", e não genericamente de uma roupa, talvez tenhamos uma chave para a especificidade dos sentimentos experimentados pelo primeiro casal humano. A cinta deve servir abertamente para "cobrir o sexo", para usarmos uma expressão um pouco antiga. Com isso se refere à região da cintura para baixo, para a qual se usava a expressão "vergonhas" ou "partes pudendas". Assim supõe-se que o narrador queira equiparar o conhecimento da nudez com a constatação desagradável de que as aberturas do baixo-ventre do homem servem simultaneamente para as secreções fisiológicas bem como para os testemunhos do amor humano e sua reprodução. A frase *"Nascimur inter faecem et urinam"* — "Nascemos entre fezes e urina", que nos foi transmitida desde a Antiguidade, foi sempre sentida como humilhante.

O *interrogatório*

Agora se inicia, passo a passo, o castigo pela violação do pedido. Como é próprio de um processo de punição efetivamente conduzido, o veredito ocorre apenas após acusação e defesa, um direito concedido por Deus ao homem: "Quando ouviram a voz do Senhor Deus, que andava no jardim pela viração do dia, esconderam-se da presença do Senhor Deus, o homem e sua mulher, por entre as árvores do jardim. E chamou o Senhor Deus ao homem, e lhe perguntou: Onde estás? Ele respondeu: ouvi a tua voz no jardim, e, porque estava nu, tive medo e me escondi. Perguntou-lhe Deus: quem te fez saber que estavas nu? Comeste da árvore de que te ordenei que não comesses? Então disse o homem: a mulher que me deste por esposa, ela me deu da árvore, e eu comi. Disse o Senhor Deus à mulher: que é isso que fizeste? Respondeu a mulher: a serpente me enganou, e eu comi" (Gn 3: 8-13).

A descrição aparentemente poética do "Deus, que andava no jardim pela viração do dia" carrega traços antropomórficos, pois estabelece que Deus se apresenta no Paraíso como o proprietário do jardim. Remonta possivelmente à representação da Antiguidade que o ruído do vento nas folhas indica a presença da divindade. Possivelmente se quer dizer o vento do início da noite que, em muitas regiões do Oriente, traz, por volta do pôr-do-sol, alívio ao calor do dia. Também se torna visível nos homens um mal-estar que lhes é novo na presença de Deus. Pois o "esconder-se" evidencia uma alteração no seu comportamento para com Deus. Abertamente o homem e a mulher sentem que as folhas de figueira não bastam para esconder sua verdadeira situação diante de Deus.

As perguntas de Deus, evidentemente de pura retórica, soam repreensivas, mas antes parecem querer construir uma ponte ao casal humano para confessar a sua falta. Suas respostas são, contudo, apenas uma confissão contrariada, à qual precede uma tentativa de defesa, jogando o homem sua culpa para cima da mulher e a mulher para cima da serpente. Com a afirmação de que ele teria feito isso somente por causa da mulher, "que me deste por esposa", o homem dá a entender que Deus, que lhe teria dado a parceira, seria no final das contas co-responsável pelo evento. A resposta da mulher tem o mesmo tom, pois sua desculpa "a serpente me enganou" não só lembra a citada inteligência e astúcia desse animal, mas também ecoa uma repreensão contra Deus, visto que ela se refere a uma de suas criaturas. Salta aos olhos que a serpente não tenha sido interrogada, talvez porque apenas o homem e não o animal fosse responsável por sua ação diante de Deus. A pergunta que não quer calar sobre o tema da serpente e da sedução da mulher, ou seja, sobre a origem do Mal, portanto, não tem nenhuma resposta.

Se se dá a entender que há algo como uma "psicologia da tentação" na conversa entre a serpente e a mulher, pode-se descobrir uma "psicologia da autojustificação" na troca de palavras entre o casal humano e Deus durante o interrogatório sobre a transgressão. A ingenuidade da representação de um Deus que caminha na viração do dia, que se dirige aos homens em seu esconderijo, não deve ser motivo para desviarmos os olhos de quão grandemente a reação do homem e da mulher à pergunta de Deus revela um profundo conhecimento da psique humana: o homem joga a culpa na mulher, e a mulher na serpente. E nós — assim fecha-se o círculo — jogamos a culpa de nossos erros em Adão e Eva, mas nos esquecemos de que todo o relato se refere constantemente ao "homem" e à "mulher", portanto, a nós mesmos, e não a duas pessoas caracterizadas por um nome num passado distante.

A *punição*

Proclama-se agora o veredito entre as partes, respectivamente na seqüência em que concorreram para a violação do pedido: serpente, mulher e homem. As "sentenças" têm, como era freqüente na época, uma forma rítmico-poética. Descrevem o modo da existência na qual a serpente, a mulher e o homem viverão no futuro. Quanto ao ser humano, limitam-se aos seus temas mais elementares: procriação, trabalho e morte.

À serpente diz Deus: "visto que isto fizeste, maldita és entre todos os animais domésticos, e o és entre todos os animais selváticos: rastejarás sobre o teu ventre, e comerás pó todos os dias de tua vida. Porei inimizade entre ti e a mulher, entre a tua descendência e o seu descendente. Este te ferirá a cabeça, e tu lhe ferirás o calcanhar" (Gn 3: 14-15).

O "rastejar sobre o ventre", que obriga, por causa da proximidade da cabeça ao corpo, a "comer pó", vale, no Antigo Oriente, como símbolo da humilhação. O antes "mais sagaz dos animais" deve ocupar, de agora em diante, a mais baixa posição na escala, como os escravos e os inimigos submetidos, que na linguagem icônica daquele tempo são representados deitados sobre o ventre. Essa característica gráfica deveria explicar melhor o que se quer dizer com "comer pó" do que o indício, alegado pela maioria, que o autor bíblico imaginava que as serpentes se alimentassem de pó.

Com a afirmação de uma inimizade especial entre a mulher e a serpente, pensa-se ironicamente na inversão da confiança de ambos os lados quando do encontro na Árvore do Conhecimento. Contudo, significa, ao mesmo tempo, que perdurará essa inimizade "entre a tua descendência e o seu descendente". Supõe-se que se trata — manifestadamente pela maneira poética de enunciar — de uma fórmula primitiva de sabedoria, que descreve de forma comum a relação nada amistosa entre o ser humano e a serpente. Pois, em vez de "descendência" está, literalmente, "semente", uma palavra que surpreende por ser empregada para a mulher, uma vez que a Bíblia só a emprega para os homens. As palavras dirigidas à serpente: "Este [ou seja, a semente da mulher] te ferirá a cabeça, e tu lhe ferirás o calcanhar" revela uma diferença de nível na luta, que privilegia o ser humano. Ele é capaz, com seu caminhar ereto, de esmagar a cabeça da serpente, isto é, a parte mais importante para sua sobrevivência, enquanto ela só consegue picar-lhe os pés, o que não conduz necessariamente à morte.

Depois da pena da serpente, Deus dirige-se à mulher: "multiplicarei sobremodo os sofrimentos da tua gravidez; em meio de dores darás à luz filhos; o teu desejo será para o teu homem, e ele te governará" (Gn 3: 16). As dores de parto da mulher, literalmente "gemidos/gritos de dor", foram, na mentalidade cunhada pelos homens dos tempos bíblicos, franca e literalmente, um grande tormento. Segundo a interpretação corrente, a punição da mulher estará exatamente nessas dores, uma — hoje mais do que antes — representação chocante. Outra tradução bastante plausível corrige esse entendimento tradicional e interpreta a passagem bíblica assim: "multiplicarei sobremodo teus sofrimentos e tua gravidez; em meio de dores darás à luz filhos". Segundo essa interpretação, incluir-se-ia o sofrimento especial na vida da mulher, que, além do trabalho normal na casa e no campo, ainda precisa arcar com as muitas dores da gravidez. O peso da declaração não estaria, por conseguinte, em "em meio a dores", mas nas condições sob as quais o parto ocorre.

A indicação sobre o desejo da mulher para o homem quer explicar abertamente o paradoxo de a mulher, apesar do sofrimento que lhe traz a gravidez, ser impelida para o homem. De fato, a declaração subseqüente, hoje aparentemente tão escandalosa, sobre o domínio do marido, tem algo a ver com a gravidez da mulher. Em hebraico, ela é construída com uma oração consecutiva: "o teu desejo será para o teu homem, de modo que ele te governará". A fala da submissão da mulher pelo seu marido não significa, portanto, outra pena adicional, que teria sido infligida à mulher independentemente dos sofrimentos durante o parto.

Quando o texto associa o desejo da mulher com sua subordinação ao marido, apresenta-se o fato oculto de que as mulheres, em quase todas as sociedades pré-modernas, se expõem a uma dificuldade extra. Por um lado, só podem melhorar sua posição trazendo crianças ao mundo, mas, por outro, adquirem uma posição mais frágil diante do homem, de cujo auxílio e proteção se tornam dependentes durante sua gravidez. Esse dilema não desapareceu, de modo algum, na sociedade moderna. Apresenta a atual discussão sobre a questão de como a igualdade de direitos da mulher no mundo profissional se compatibiliza, na vida social, com seu papel de mãe. Também é notável que o narrador fale, somente nesse ponto de seu relato, a respeito de um domínio do homem sobre a mulher e com isso a nova situação valha como uma anomalia, que contradiz a situação original de mesmos direitos, ou ainda de uma posição superior feminina. Embora o amor, futuramente, não se tenha impossibilitado, a primitiva unidade do casal tornou-se daqui em diante uma ligação, em que interesses — desejo e vontade de poder — se chocam um com o outro, impedindo ou no mínimo dificultando o reconhecimento mútuo completo. Marcadamente não foi concedido ao homem um direito de domínio como o de um rei, como o foi ao ser humano no primeiro relato da criação com respeito à terra e aos animais (Gn 1: 28). Pelo contrário, o texto hebraico usa a mesma palavra para o "domínio" do homem sobre a mulher que a do domínio dos astros sobre o dia e a noite (Gn 1: 16); por isso, Martin Buber usou na sua tradução da Bíblia tanto nessa como naquela passagem a palavra impessoal "mandar".

Por fim é a vez do homem: "E a Adão disse: visto que atendeste a voz de tua mulher, e comeste da árvore que eu te ordenara não comesses: maldita é a terra por sua causa: em fadigas obterás dela o sustento durante os dias de tua vida. Ela produzirá também cardos e abrolhos, e tu comerás a erva do campo. No suor do rosto comerás o teu pão, até que tornes à terra, pois dela foste formado: porque tu és pó e ao pó tornarás" (Gn 3: 17-19).

Na maioria das traduções em português, tal fala se dirige a Adão, embora essa palavra no texto hebraico não apareça como nome próprio, mas com o artigo definido, ou seja, *ha-adam*, que é a designação do "ser humano". Embora a construção da cena mostre que, após dirigir-se à serpente e em seguida à mulher, é especialmente ao homem que se está falando, pode-se bem supor que o que foi dito sobre a vida de trabalho fatigante e a morte deve valer ao mesmo tempo para a mulher. A repreensão "visto que atendeste a voz de tua mulher" aludiria aparentemente a uma conversa não mencionada na história da tentação, na qual a mulher teria convencido seu marido a comer o fruto. Uma vez que em hebraico, que não conhece nenhuma palavra própria para obediência, a expressão "atender a voz" significa o mesmo que "obedecer", a repreensão mostra que o homem não ouviu a palavra de Deus, mas, em vez disso, seguiu a iniciativa da mulher. Infringe, assim, o dever básico de obedecer à palavra de Deus na forma de seus pedidos; segundo a compreensão bíblica, início e núcleo da devoção.

A "maldição da terra" não se dirige, como é dito de forma às vezes impensada, ao trabalho do homem, que foi tão pouco amaldiçoado quanto o parto da mulher. Uma maldição atinge apenas a serpente e o solo. A "fadiga do homem" é obviamente a contrapartida às dores do parto, visto que ambas as palavras em hebraico são estreitamente ligadas, assim como a palavra "trabalho" pode significar tanto o esfalfar-se quanto as dores de parto. A aparição dos "cardos e abrolhos", que diminuem a receita do campo, quer esclarecer por que o solo rochoso e inóspito da Palestina, onde mora o autor, fazia a vida tão difícil e fatigante. O acréscimo "tu comerás a erva do campo" refere-se a uma alimentação desde então monótona e pobre, pois, após a expulsão do Paraíso, o acesso às frutas deliciosas do jardim foi barrado. Todos esses tristes detalhes são, para o autor bíblico, um símbolo da nova forma de existência do homem, embora ele descreva a sorte pouco invejável das populações camponesas de seu tempo.

A fala conclui-se com um anúncio sobre o "retorno do homem à terra, de onde foi formado". Sua debilidade condicionada pela labuta é baseada na expressão supostamente proverbial: "porque tu és pó, e ao pó tornarás", que se aproveita dos versos iniciais da narrativa, onde se diz literalmente que o homem foi formado do "pó" da terra (Gn 2: 7). Assim se fecha o círculo: a serpente se torna inferior à mulher, que, por sua vez, se subordina ao homem, que se torna servo do solo, de onde proveio e para onde voltará em seu enterro.

A ruína da morte humana não é, porém, uma "punição de morte" ligada de maneira adicional à da fadiga. Para o autor, o homem era desde o começo mortal, uma vez que era um ser criado do pó, e teria podido evitar a morte apenas comendo do fruto da Árvore da Vida, que lhe ficou impedida por meio da expulsão iminente do Paraíso.

A *expulsão*

Depois das sentenças, começa para o homem e a mulher a forma de existência que define também a vida do homem atual. Por causa do anúncio da morte, que lhe fez consciente de sua mortalidade, o homem pensa nas futuras gerações, e Deus se preocupa com o casal humano, antes de expô-lo às tempestades e ao frio de sua nova existência: "E deu o homem o nome de Eva à sua mulher, por ser a mãe de todos os viventes. Fez o Senhor Deus vestimenta de peles para Adão e sua mulher, e os vestiu" (Gn 3: 20-21).

Pela primeira vez a parceira do homem, até agora somente chamada de "mulher", recebe seu nome próprio *Eva*, aproximação portuguesa do original hebraico *hawwah*. O narrador deu o significado ao nome de "mãe de todos os viventes" por causa de sua semelhança com a palavra hebraica "vida", uma daquelas etimologias sem nenhuma base científica séria, das quais encontramos muitos exemplos na Bíblia, para caracterizar uma pessoa ou uma coisa ou para apontar alguma ligação narrativa: o nome da mulher mostra que a vida daqui para a frente será passada adiante por meio da sucessão de nascimentos.

Pode-se ainda especular se haveria crianças no Paraíso. A lógica interna de toda a narrativa sugere, contudo, que esse tema não teve lugar em sua construção, uma vez que o casal humano poderia ter prolongado indeterminadamente sua vida comendo da Árvore da Vida. Seja como for, o texto descreve aqui — como antes, em relação ao corpo da serpente — a situação pós-paradisíaca, na qual a continuação do gênero humano somente pode ser realizada por meio da gravidez.

Diante das circunstâncias pouco felizes do mundo pós-paradisíaco pode-se até perceber, segundo alguns intérpretes bíblicos, uma última preocupação divina na negação da vida eterna. Pois o

4. Masaccio, *A expulsão do Paraíso*, cerca de 1424-27.

aumento da humanidade poderia conduzir a conseqüências absurdas por meio da possibilidade aberta de reprodução sem a morte dos indivíduos: não só a uma superpopulação da Terra, mas também a um afunilamento das possibilidades da livre criação para cada nova geração, se os pais permanecessem vivos eternamente. Seja como for, quando se quer, diante das fadigas deste mundo, encontra-se até mesmo algum consolo em não se poder viver para sempre: o esfalfar-se da existência um dia terá um fim. Isso corresponde plenamente ao pensamento bíblico, segundo o qual o bom homem morre "velho e farto de dias", como se diz no Gênesis sobre o patriarca Abraão (Gn 25: 8) e Isaac (Gn 35: 29) ou no livro de Jó, quando da morte de sua personagem principal.

Resta apenas ainda ao narrador bíblico a tarefa de mostrar como a modificação radical anunciada nas sentenças se tornou irreversível na forma da existência do homem. Ele reintroduz o relato sobre isso, com certa solenidade, por meio de uma reflexão que transpõe para a consciência divina: "Então disse o Senhor Deus: eis que o homem se tornou como um de nós, conhecedor do Bem e do Mal; assim, que não estenda a mão, e tome também da Árvore da Vida, e coma, e viva eternamente" (Gn 3: 22). Nessas duas frases exclamativas reside o fundamento verdadeiro da expulsão do Paraíso: o homem obteve o conhecimento, mas, a partir de então, ficou nas mãos da morte. Por isso, deve-se, por meio da imediata expulsão do Paraíso, tirar-lhe a oportunidade de estender sua mão para comer da Árvore da Vida. Essa árvore, citada de forma passageira por meio da descrição do jardim do Paraíso em Gênesis 2: 9, desabrocha, assim, claramente, seu significado na construção do decorrer da ação.

A violência com a qual Deus veda ao homem o acesso à Árvore da Vida pode lembrar o tema freqüente nos mitos da "inveja dos deuses", que cuidam de maneira zelosa de sua prerrogativa de imor-

5. *A Árvore da Vida, protegida por dois querubins.*
Lamela de ouro de Chipre, 1450-1350 a.C.

talidade. Poder-se-ia entender as palavras de Deus "eis que o homem se tornou como um de nós, conhecedor..." como ironia ou sarcasmo, como às vezes é dito, pois lembram a afirmação da serpente de que, por meio do conhecimento do Bem e do Mal, o homem se tornaria "como Deus". É, porém, simplesmente uma constatação. A proibição do acesso à Árvore da Vida esclarece apenas a incompatibilidade entre o conhecimento e a vida eterna, como já está na base da advertência inicial de Deus sobre o comer do fruto da Árvore do Conhecimento do Bem e do Mal (Gn 2: 16).

À fase da reflexão segue a execução de seu resultado: "o senhor Deus, por isso, o lançou [o homem] fora do Jardim do Éden, a fim de lavrar a terra de que fora tomado" (Gn 3: 23). O homem — nestes versos entende-se novamente de forma inequívoca a espécie ao qual pertencem ao mesmo tempo homem e mulher — foi expulso como um empregado que se comportou mal no seu ofício de protetor do jardim e recebe uma outra tarefa, a saber, a de lavrador do solo.

Depois que Deus privou o homem da tarefa de protetor do Paraíso, precisou impedir-lhe também a possibilidade de um retorno para lá: "E, expulso o homem, colocou querubins ao oriente do Jardim do Éden, e o refulgir de uma espada de chamas que se revolvia, para guardar o caminho da Árvore da Vida" (Gn 3: 24). É o último ato do drama. A forte palavra "expulsão" enfatiza o aspecto dramático de certa violência diante do casal humano, visivelmente contrariado, como foi representado com freqüência na arte ocidental.

O autor pôde pressupor que os *querubins* (plural hebraico de *kerub*) fossem conhecidos de seu público. No templo de Salomão (1 Rs 6: 29-31), também na descrição do propiciatório (Êx 37: 5-9), protegem com suas asas estendidas a entrada do Santo dos Santos. A palavra é talvez idêntica com o mesopotâmico *"karibu"*, que descreve um monstro alado semelhante a um grifo, igual aos que ficam como guardiães das portas dos templos babilônicos e assírios — tal qual as esfinges do Egito. Ainda hoje se encontra, na Índia, Tibete e Oriente Próximo, horripilantes figuras guerreiras e outros seres monstruosos na entrada dos templos, que devem manter afastadas as forças do mal. A *espada de chamas* aflora em muitos mitos e fábulas como um tipo de parede de fogo ou *"vafrlogi"* nórdico para proteção de riquezas, pessoas ou ainda localidades sagradas ou tabu. Ao contrário da representação evocada na arte, o texto não diz nada sobre o fato de os querubins/anjos segurarem a espada nas mãos. É uma barreira independente de sua incumbência de proteção.

Com isso, conclui-se um longo círculo de narrativa. Assim, cada falta foi remediada, à qual se referiu expressamente no início desta segunda história de criação, a saber: "não havia homem para lavrar o solo" (Gn 2: 5). A expulsão do jardim para o preparo do campo significa uma demissão da posição privilegiada do homem. Logo depois da criação, Deus o tinha colocado no jardim e determinado que cuidasse dele e o protegesse; agora o homem precisa trocar o trabalho fácil no jardim do Paraíso pelo cultivo penoso do campo. A indicação expressa de sua origem a partir do solo dá sentido à nova tarefa. A terra recebe, pois, finalmente também aquilo de que necessita, ou seja, alguém que a cultive.

Para o homem, esse resultado é menos cômodo. Mas não pode reclamar de um tratamento injusto, pois ele apenas voltará para o local de onde veio originalmente. A vida no Paraíso foi um presente não merecido, cujo direito não pôde exigir, sendo uma criatura formada do solo.

A PECULIARIDADE DO TEXTO BÍBLICO

É preciso admitir que, ao final dessas considerações, ainda falta alguma coisa: no momento de sua criação do pó, o homem era inicialmente assexuado ou um hermafrodita andrógino? Ele apenas se transformou em homem quando Deus formou a mulher a partir de seu corpo? O que a Bíblia quer dizer concretamente com o conhecimento do "Bem e do Mal"? Como se diferencia esse conhecimento do de antes da transgressão do pedido divino, quando o homem era capaz de nomear os animais e a mulher podia argumentar com a serpente e apreciar a beleza dos frutos proibidos? E mais: que o homem soube após saborear o "fruto" proibido: sua sexualidade ou sua vulnerabilidade corporal? Mas antes de tudo: por que Deus todo-poderoso não impediu uma transgressão que traria ao mundo a fadiga, a morte e tanto sofrimento?

Essas e outras perguntas permanecem sem resposta. Não se deve, porém, esquecer de que a narrativa do Paraíso foi composta numa linguagem simbólico-mítica, que tanto esconde quanto revela. Pode-se resignar com o fato de que nunca um texto completamente transparente poderá satisfazer o mistério da existência humana.

História primitiva bíblica e pré-história da humanidade

A narrativa do Paraíso pertence à "história primitiva bíblica" que narra, nos primeiros onze capítulos do Gênesis, a criação do mundo, o pecado original do primeiro casal humano, o fratricídio de Caim, o Dilúvio e a torre de Babel. Diferentemente das narrativas sobre os patriarcas, que se seguem, trata-se, ao lado dos acontecimentos descritos na história primitiva, de episódios eruditos, alegóricos, que querem descrever a situação existencial do homem, sua relação com Deus e com a criação. São válidos atemporalmente, e seus protagonistas, Adão e Eva, Caim e Abel ou Noé, são também "estereótipos" atemporais, e não "personagens" como Abraão, Isaac, Jacó e José no resto do livro, cujos relatos foram estabelecidos num ambiente possível de ser determinado historicamente.

Os episódios da história primitiva bíblica querem vislumbrar os dados básicos da *"condition humaine"*, como deve ser encontrada ontem, hoje e amanhã, razão pela qual não podem ser dispostos em nenhuma época histórica da humanidade, nem mesmo na idade da pedra lascada. Seria, portanto, um grande equívoco esperar deles uma elucidação sobre o desenvolvimento pré-histórico da humanidade. Sobre isso os autores dos textos bíblicos carecem de informações precisas. Em vez de testemunhos históricos ou de pesquisas científicas, dispõem apenas de narrativas míticas e lembranças históricas fabulosas.

Uma etiologia da existência humana

Quase todos os episódios da história primitiva bíblica pertencem ao gênero narrativo — freqüente nos antigos mitos, lendas e fábulas — da etiologia (do gr. *aitia* = causa e *logos* = conhecimento). Esse gênero quer fornecer explicações para fenômenos naturais surpreendentes, para instituições cultuais (sábado e oferenda), para nomes de pessoas e de lugares (Eva, Babel) ou para a diversidade das línguas humanas.

Também na narrativa do Paraíso fala-se de coisas tão enigmáticas como a origem dos grandes rios distribuidores de vida para todo o círculo da terra ou da força original do amor entre homem e mulher. As fadigas essenciais da existência humana são fundamentadas, numa forma dramática, diferentemente de num tratado filosófico ou teológico, por meio de uma seqüência cênica proibição—transgressão—punição.

A formulação na sentença sobre a serpente: "visto que isto fizeste" é típico das etiologias, mesmo servindo, obviamente, no contexto narrativo, como fundamento para a punição imposta ao animal. O tipo da punição lança a pergunta se o autor bíblico imaginava que a serpente tivesse antes pernas ou asas. Supostamente o narrador bíblico transmitiu uma das narrativas etiológicas mais antigas, segundo a qual a serpente perdeu seus membros por causa de algum delito, embora os tivesse originalmente, como todos os outros seres, como se representa, muitas vezes, na antiga iconografia oriental. Também sobre a inimizade imputada pela Bíblia entre o homem e a serpente, sem nenhum paralelo com qualquer outro animal, poderia esconder uma tentativa de explicação etiológica, pois, com poucas exceções (que há em todas as regras), os homens têm uma aversão instintiva contra as serpentes, embora isso possa parecer irracional diante de muitas espécies inofensivas de serpentes e de sua utilidade evidente para manter o equilíbrio ecológico da natureza. O motivo para a aversão pode residir no desconcerto que um homem caminhando sente ao ver a forma misteriosa do movimento da serpente, que se contorce pelo campo sem fazer barulho e sem um ponto de equilíbrio reconhecível.

Também ao falar da fadiga do homem se está diante de uma explicação etiológica que tenta entender por que a terra amigável, que Deus criou para o homem, recompensa seus esforços de maneira tão mesquinha. O mesmo vale para a sentença sobre a mulher. Sua submissão ao homem não era uma coisa evidente, e os "trabalhos do parto" pareciam contradizer claramente o dom da fertilidade concedido por Deus ao homem.

O tema da imortalidade

A narrativa do Paraíso bíblico não é apenas uma etiologia para as fadigas da vida humana, mas antes esclarece, a bem dizer, em primeiro lugar, por que o homem, equipado com tantos privilégios, deve morrer. É um tema que desempenha um papel importante na mitologia oriental antiga. Da mesma forma Gilgamesh, tomado pelo medo da morte por causa do falecimento de seu amigo Enkidu, viaja até a casa do herói do Dilúvio Utnapishtim, a quem os deuses haviam concedido a imortalidade, para saber dele o segredo da vida eterna. Lá ouviu falar de uma erva que fazia os homens imortais, a qual deveria ser buscada do fundo do mítico mar de água doce Apsu, do qual todos os rios do mundo se alimentavam. Amarrando pedras em volta das pernas, Gilgamesh pôde mergulhar até as profundezas a fim de cortar a planta e, soltando as pedras das suas pernas, subiu de volta à superfície. Durante o caminho de casa, porém, fez uma pausa e quis se lavar num poço, quando lhe roubaram a planta: "Uma serpente cheirou o aroma da planta. Furtivamente levantou-se e pegou a planta. Na sua volta soltou a pele" (XI, 272-89). A última frase refere-se a crenças dos antigos de que as serpentes podiam rejuvenescer-se por meio do poder de uma planta e obtinham um tipo de imortalidade trocando constantemente sua pele. Não é talvez uma coincidência que o homem perca uma chance de tornar-se imortal, como na Bíblia, por causa da serpente. Dessa forma, o comportamento surpreendente do animal, sem outras aparições previstas na narrativa, poderia encontrar uma explicação.

A NARRATIVA DO PARAÍSO NO CRISTIANISMO

QUEM CRESCEU NA TRADIÇÃO cristã pode ficar surpreso que o Antigo Testamento não se refira jamais ao "pecado original" do Paraíso. Embora a Bíblia hebraica fale da "maldade do homem" e de sua "propensão com o mal" (Gn 6: 5; Gn 8: 21; Êx 32: 22 e muitos salmos), não faz ilusões sobre a natureza humana, como um olhar sobre seus escritos históricos mostra na fala dos profetas ou nas coleções de provérbios. Nunca, porém, o delito do primeiro casal é nomeado como fonte e causa do seu mau comportamento.

No cristianismo, ao contrário, a narrativa do Paraíso adquiriu um sentido transcendente, pois foi empregada como fundamentação ao ensino do pecado original e de Satã como origem do mal no mundo. Sobretudo, tornou-se, devido à sua relação com a morte e com a ressurreição de Jesus, um ponto decisivo no entendimento da história da salvação cristã.

A conseqüência disso foi um interesse extremo em tudo que fosse relacionado com o Paraíso. A esse respeito testemunham as obras de inúmeros teólogos, além de outros poetas, que se ocuparam com o assunto até os tempos mais recentes. Eles trataram disso em discussões exaustivas sobre a aparência do homem e da mulher, sobre sua idade na criação e sobre a duração da estada no Jardim do Éden, sobre a língua que utilizavam entre si e em seu colóquio com Deus, para não falar da sua relação com o mundo animal. Também se pensou em sua vida sexual e nas possibilidades de geração da descendência e até sobre uma ordenação da família e da sociedade paradisíaca, na qual a humanidade teria vivido, se não tivesse caído em pecado. Tornou-se importante, inclusive, procurar onde o Paraíso perdido teria sido colocado, pois sua existência histórica e a crença na realidade do pecado original pareciam indissociáveis entre si.

Pecado original e história da salvação

A dramática religiosa do cristianismo se apóia em boa parte no antagonismo entre o delito cometido pelos avós originais da humanidade no Jardim do Éden, os quais enfrentaram a dura pena da condenação eterna e a grandiosidade da obra de salvação de Cristo, que tomou a pena sobre si e reconciliou novamente a humanidade com Deus.

O *pecado original*

Os judeus também entendem que a forma de existência humana se alterou fundamentalmente por causa do seu erro no Paraíso, pois, com isso, vieram ao mundo não só as fadigas do trabalho humano e do parto, mas também, sobretudo, a morte. São ainda conscientes de que o mundo, tal como é, necessita de redenção, e esperam, como se verá adiante, uma ressurreição dos mortos numa forma de existência nova e melhor. O comportamento de cada indivíduo durante sua vida é, porém, decisivo para a participação nela, como um texto judaico do século II d.C. já reforça: "Se Adão pecou inicialmente e trouxe sobre todos a morte prematura, então cada uma das crianças contraiu também o futuro sofrimento; cada uma delas escolheu para si a futura glória" (Bar. sir. 54: 15). Segundo a argumentação judaica, o homem pode evitar sua propensão para o Mal e, por meio da realização fiel do pedido de Deus, inclusive, desenvolver uma tendência ao Bem. Mesmo quando o fiel continue errando, deve contar com a misericórdia divina, uma confiança que se manifesta não só nos salmos, mas também em muitas orações judaicas até hoje.

Segundo o ensinamento cristão, em contrapartida, o erro do primeiro casal humano exerceu um enfraquecimento — na teologia protestante fala-se de uma completa incapacidade — de o homem fazer o bem, que chega a ponto de, a partir de si mesmo, não mais poder ambicionar a reconciliação com Deus. O latim dos teólogos refere-se a um *peccatum originale*, expressão que foi tradicionalmente passada às línguas românicas e ao inglês. Em alemão, adotou-se a palavra *Erbsünde*, que significa "pecado hereditário", que sugere lamentavelmente uma metáfora biológica, isto é, uma transmissão por meio da geração ou mesmo por meio do desejo sexual ligado a isso. Para muitos teólogos cristãos modernos, o conceito do pecado original não significa outra coisa que não fato incontestável de que cada homem nasceu em situação de desgraça, que já está predeterminada pela inveja, pelo ódio e pelas injustiças sociais decorrentes e, por meio disso, se define a vida de cada indivíduo e a história da humanidade.

A *identificação da serpente sedutora com Satã*

No final de Gn 3: 1 não fica muito claro se a serpente era apenas um animal "que Deus havia feito" ou se ela se destacava dos animais criados por algo especial. A maioria das interpretações modernas tende a entender como sendo uma criatura de Deus tal qual os outros animais, tomando por base que o Gênesis não conhece nenhum dualismo de atores sobrenaturais. Contradiz isso o dom da fala da serpente e sua astúcia. Poderia ser, porém, que a serpente falante tem a função dramatúrgica de uma voz interna, que representa os aspectos da inteligência humana, os quais podem ser chamados de desconfiança e dúvida. Possivelmente o narrador bíblico, até então bastante preciso, tenha se expressado neste trecho de forma conscientemente pouco nítida para remeter ao enigma inexplicável de uma possibilidade de maldade e de inquietação sem dúvida existente na "boa" criação. Obviamente, para ele, o homem, no seu estágio primitivo de inocência, era capaz de tomar algumas decisões, mas para ponderar transgressões ao pedido precisava de um estímulo cuja procedência não pode ser fundamentada.

Ocorreu uma mudança na interpretação da serpente, quando certas correntes do judaísmo dos séculos antes de Cristo não mais atribuíam o Mal no mundo, como em outras partes do Velho Testamento, somente à "maldade do coração humano", mas esclareceram sua origem com um acontecimento no mundo dos anjos. Muitos escritos extrabíblicos relataram que Satã, originalmente o mais alto dos anjos, teria sido lançado nas profundezas do Inferno durante a criação do mundo porque tinha ciúmes da posição privilegiada do homem ou — segundo a versão cristã — da transformação planejada de Deus em homem, na forma de Cristo. Por inveja teria enganado a mulher na forma da serpente com a promessa "como Deus sereis", para destruir a humanidade em sua queda. Isso se entende a partir do livro da Sabedoria no já acima citado provérbio "por meio da inveja do demônio a morte veio ao mundo" (2: 24). Dessa forma, a última responsabilidade pelo Mal no mundo foi transferida para um campo transcendente. Portanto, somente assim a salvação das situações deterioradas pôde ser esperada, o que culminou na representação cristã da vitória sobre o Mal daquele que foi crucificado e ressuscitado. Tal acontecimento no mundo dos anjos no começo da criação é pressuposto de forma evidente em várias passagens do Novo Testamento (Lc 10: 18; II Pe 2: 4; Jd 6), embora no Velho Testamento não se fale nem mesmo do relato da criação em nenhuma outra passagem. O Apocalipse de São João narra de forma expressa sobre a luta de Miguel com o "grande dragão, a antiga serpente, que se chama diabo e Satanás, o sedutor de todo o mundo, sim, foi atirado para a terra e, com ele, os seus anjos" (Ap 12: 7-9).

Adão como arruinador — Cristo como redentor

Além disso, para o ensinamento do pecado original tornaram-se ainda importantes algumas especulações apreciadas no judaísmo do tempo de Jesus, segundo as quais o elo que estava no início de uma cadeia de gerações determinaria o destino de todos os elos sucessivos. O apóstolo Paulo diz em sua Epístola aos Romanos: "por um só homem entrou o pecado no mundo, e pelo pecado a morte" (Rm 5: 12) e faz, com isso, uma ligação entre o erro de Adão e a salvação de Cristo, o novo Adão (Rm 5: 12-21): "Porque, como pela desobediência de um só homem, muitos se tornaram pecadores, assim também por meio da obediência de um só muitos se tornarão justos" (Rm 5: 19). Em outras palavras: assim como por meio de Adão o poder do pecado e da morte entrou no mundo dos humanos, da mesma forma à humanidade, por meio de Jesus Cristo, foi oferecida uma nova chance para a justiça e a vida.

Discute-se se Paulo supôs, com a formulação acima, que a forma da existência humana foi também modificada fundamentalmente na sua capacidade de fazer o bem por meio do erro de Adão.

Também diz em outra parte da Epístola aos Romanos: "pois todos pecaram e carecem da glória de Deus sendo justificados gratuitamente por sua graça, mediante a redenção, que há em Cristo Jesus" (Rm 3: 23-24). A cristandade fundamentou seu ensinamento do pecado original preponderantemente por meio dessas passagens de Paulo, que estão em estreita correlação com a mensagem da necessidade do sacrifício de Cristo. À consternação universal da perdição corresponde, pois, uma necessidade de redenção universal. Porque se a humanidade vive radicalmente apartada de Deus, necessita de um redentor, que é mais do que um mero homem.

Conseqüentemente, a sentença de Deus para a serpente "Esta [ou seja, a semente da mulher] te ferirá a cabeça" (Gn 3: 15) foi interpretada como uma antiga profecia da vitória de Cristo sobre o Mal. Falou-se de um "proto-evangelho", de uma "primeira Boa Nova" e leu-se nessa passagem uma profecia da vitória de Cristo, o novo Adão, sobre Satã, um significado que já se encontra em Irineu de Lyon, um bispo e escritor entre os primeiros cristãos, que viveu nos anos 130-200.

Eva como sedutora — Maria como redentora

Logo em seguida surgiu uma outra interpretação mais extensiva da sentença para a serpente: foi dito que a mulher, cuja semente/descendência esmagaria a cabeça da serpente, seria Maria, a mãe de Cristo. Em muitos manuscritos bíblicos latinos antigos e na tradução da Vulgata, o texto bíblico oficial da Igreja ocidental, encontra-se mesmo a tradução obviamente errônea: "ela [a mulher] esmagar-te-á a cabeça". A interpretação do texto como sendo Maria se tornou bastante popular e entrou em muitos documentos eclesiásticos. Da mesma forma que Cristo foi entendido como o "novo

6. Berthold Furtmayr e oficina, *Eva, a mãe dos pecados e da morte, Maria, a mãe do que nos presenteia com a graça e a vida*, antes de 1481.

Adão", Maria tornou-se a "nova Eva", o elemento materno, que produz, juntamente com Cristo, o novo homem renascido no batismo, como alguns dos primeiros cristãos já haviam visto, por exemplo, o supracitado Irineu de Lyon.

A Eva do Paraíso, ao contrário, valia como modelo da arte feminina da sedução, embora o texto bíblico não diga nada sobre uma sedução do homem por meio das palavras ou atos da mulher, mas somente de uma sedução da mulher pela serpente. Se Deus repreende o homem por ter "atendido a voz da mulher" (Gn 3: 17), entende-se aí uma obediência pelo uso lingüístico do texto hebraico. Também o texto não dá nenhum indício de que a mulher tivesse argumentado perante o homem com as palavras astuciosas da serpente. Expressões em português referindo-se a mulheres como "serpentes", aludindo às pretensas típicas falsidade e astúcia femininas, não têm no texto bíblico, por isso, nenhum fundamento, até porque a palavra "serpente" em hebraico — diferentemente do português — é masculina.

Conjecturas e especulações dos teólogos

Nossa imaginação está muito mais influenciada por circunstâncias de vida no Paraíso, advindas de interpretações e adornos dos acontecimentos do Jardim do Éden pelo viés do cristianismo do que pelo que está realmente no texto bíblico. Os indícios relativamente escassos da Bíblia sobre a forma de existência dos pais primevos durante sua permanência no Jardim do Éden deixam várias perguntas em aberto, cuja tentativa de resposta fez gastar muita tinta desde a era dos primeiros cristãos até o começo da Idade Moderna.

O desperdício de fantasia e de intelecto associado a isso pode parecer hoje supérfluo. Apesar disso, vale a pena olhar para os acontecimentos que se resultaram dessas reflexões, com freqüência insólitos aos nossos olhos. Principalmente as concepções sobre a situação diferenciada do homem antes e depois do pecado original não ficaram sem influência na imagem que se fez do convívio humano. Basicamente, a descrição da situação original perfeita deveria mostrar como o homem foi planejado por Deus e como o ato de redenção de Cristo a reconstruirá.

A forma de existência no Paraíso

Pôde-se imaginar os primeiros homens livres de crimes e de doenças, além de equipados com a mais alta perfeição corporal. Adão teria, como Cristo, a altura de seis pés (cerca de 1,90 m) e proporções simétricas que impunham respeito. Segundo alguns autores, Eva era quase tão alta quanto Adão; segundo outros, de tamanho médio, como deveria ser para uma mulher, seu corpo também tão magnificamente formado como o de Maria, futura mãe de Jesus. Muitos autores adicionam-lhe cabelos maravilhosamente loiros ou castanhos.

Lutero, que interpreta a concepção comum da tradição teológica, escreve em seu comentário ao Gênesis que o homem podia comer e beber no Paraíso, mas seu metabolismo não geraria as conseqüências repugnantes de hoje. A Árvore da Vida providenciaria uma juventude eterna e uma velhice sem rugas, bem como uma força procriadora e uma capacidade de trabalho até a passagem final da vida corporal para a espiritual. A agudez dos olhos e dos outros sentidos teria sido incomparavelmente maior do que na situação atual. Lutero segue aqui apenas as reflexões que foram imputadas antes dele ao conhecimento e à erudição de Adão e Eva. Visto que conviveram com Deus e tinham, além de seu trabalho, tempo suficiente para fazer observações sobre todas as coisas criadas, dispunham de um conhecimento sobre a natureza que sobrepujava em muito a nossa. Como Adão teria sido capaz de diferenciar todos os animais e dar-lhes nomes característicos? Também nesse ponto Lutero apenas repete os ensinamentos tradicionais, quando quer dizer que eles eram bem-dotados e puderam reunir uma grande quantidade de conhecimentos sem os métodos cansativos da ciência atual e "sem papel e tinta".

Também se discutiu muito sobre como Deus informou sua proibição de não comerem de uma árvore específica. Adão ouviu uma voz externa ou sentiu internamente a instrução? Uma outra pergunta: qual língua Deus teria utilizado com Adão ou o casal humano usaria entre si? A resposta só podia ser: hebraico. O hebraico teria valido como a língua comum da humanidade até a construção da Torre de Babel, na qual as Sagradas Escrituras teriam sido escritas mais tarde. Nos séculos XVII e XVIII apareceram outras propostas. Leibniz (1646-1716) defende, talvez não com extremo rigor, que o címbrico seja a mais antiga das línguas germânicas. Um sueco sugere sua língua-mãe, acrescentando maldosamente que a serpente teria falado em francês, que, em sua época, era língua da corte e da diplomacia.

Da mesma forma pensou-se sobre a extensão do Jardim do Éden. Alguns autores tinham a opinião de que abrangia toda a extensão da Terra, que se teria regozijado com uma situação paradisíaca como um todo. A maioria dos outros, que insistiam na imaginação de um território limitado, concluiu, a partir do fato de que no jardim jorravam grandes correntezas, que ele deveria ter sido bastante grande, de extensão imensa até, para fornecer espaço suficiente para uma humanidade que se tornaria cada vez maior por causa de sua prole e da longevidade de seus membros, se Adão não tivesse pecado. Muitos, contudo, retrucaram contra isso, pois o perigo da superpopulação era inexistente, já que seus moradores, depois de certo tempo, teriam sua existência recolhida, sem morte, para o céu, para lá participar da visão bem-aventurada de Deus.

Também se lançou a questão sobre se o Paraíso ficava numa planície ou se era atravessado por vales e colinas, onde, com certeza, se proporcionaria, em última hipótese, uma bela visão. Os pontos altos são as descrições líricas da beleza do Jardim do Éden nos séculos XVI e XVII, como em Torquato Tasso ou John Milton, sobre as quais retornaremos.

Visto que a ociosidade é vista como o início de todos os males e a fonte de todos os pecados, os teólogos gostam de enfatizar que o homem teve de trabalhar também no Paraíso. Sua atividade seria, porém, não só sem cansaços, mas também, pelo contrário, lhe proporcionaria prazer, porque se tratava de um trabalho de jardinagem que foi exaltado já pelos antigos autores em sua glorificação da vida no campo mais como atividade prazerosa do que como suplício. Também Milton se aproveitou do tema. Ele admite, contudo, ao homem um certo cansaço após seu dia de trabalho, mas o coloca como integrante da alegria do Paraíso, porque o descanso após o trabalho realizado é muito melhor (*O Paraíso perdido*, IV: 325-35).

A *diferença de sexos e a sexualidade*

Enquanto a maioria dos teólogos aceita que a condição corporal do primeiro casal humano no Jardim do Éden não se diferenciasse da situação pós-paradisíaca, alguns Doutores da Igreja, que se apóiam na tradição platônica, acreditavam que o homem, antes do pecado original, possuía uma corporalidade de um material totalmente diferente, um corpo "pneumático" (espiritual), transparente e cheio de glória (celestial). Todas as características desagradáveis do corpo definitivo de hoje lhe faltariam, como o lento crescimento, a velhice, a necessidade de comer e de dormir ou o metabolismo com suas excreções repugnantes. A passagem do corpo espiritual original para

7. *Santo Agostinho ensinando em meio a seus discípulos.*
Manuscrito da *De Civitate Dei*, século XII.

o corpo carnal, que se submete às doenças tanto quanto à velhice e à morte, teria sido anunciada no texto bíblico por meio das "peles" que os homens receberam de Deus após o pecado original (Gn 3: 21). Alguns teólogos deduzem daí que os homens, se tivessem ficado no Paraíso, teriam vivido para sempre sem relações sexuais, "como os anjos". Deus, como querem alguns desses autores, não teria nem mesmo projetado inicialmente uma diferença entre homem e mulher, sendo que a necessidade de uma mulher lhe teria ocorrido apenas depois da criação de Adão, tendo em vista o iminente pecado original, pois o homem, tornado mortal, só poderia reproduzir-se por meio das relações sexuais e do parto.

Em contrapartida, Santo Agostinho (354-430) afirmou na *Civitas Dei* que havia na criação original não só a diferença entre homem e mulher, mas que se o ser humano tivesse ficado no Paraíso, também manteria relações sexuais e haveria reprodução, pois teria de obedecer às ordens divinas: "sede fecundos, multiplicai-vos" (Gn 1: 28). O pecado original, porém, despertou o desejo, que se concentrou nas genitálias: o homem se tornara "igual ao animal e se procria como o animal". No Paraíso, a relação poderia ter ocorrido sem esse desejo, pois o homem colocaria sua semente de uma forma racional e, portanto, desapaixonada na mulher, "como o camponês semeia no campo", uma suposição que se tornou ideal de uma sexualidade dominante para o objetivo da ética eclesiástica medieval.

Os teólogos da Idade Média seguiram a opinião de Santo Agostinho. Alguns deles sabiam ainda mais detalhadamente como a relação pôde ser exercida de uma forma virginal. Assim, Alexandre de Hales (cerca de 1185-1245), por exemplo, achava que o coito ocorreria sem o rompimento do hímen, aproximando-se o membro viril da vulva, ejaculando na parte de fora o esperma que Deus, por meio de um ato especial, introduziria na vagina. Outros teólogos, entre eles Tomás de Aquino, interpretaram que a relação sexual teria ocorrido também no Paraíso, mas com *"gaudium"* (alegria interna) e sem *"voluptas"* (prazer apaixonado), do mesmo modo que a mão, a língua e a boca podem cooperar na alimentação com prazer, sem implicar uma paixão que obscurece a razão. Além disso, por causa da falta de paixão, a relação sexual ocorreria muito mais raramente do que agora, ou seja, apenas em intervalos que correspondessem às necessidades de reprodução do gênero humano. Em seu comentário ao Gênesis, Lutero compartilha dessa interpretação de uma relação sexual do casal, sem desejo, no Paraíso. Acha que o amor de um sexo pelo outro era completamente livre de desejos, que as mulheres teriam dado à luz sem dores e que os pais não teriam, na educação de seus filhos, nem irritações nem cansaços.

Defendia-se, contudo, o casamento como uma instituição planejada desde o início por Deus contra os defensores de uma promiscuidade "paradisíaca", referindo-se aos dizeres de Gn 2: 22-24. Para a questão dos direitos da mulher, alguns autores eram da opinião de que, sem o pecado de Eva, a mulher teria se tornado uma parceira com mesmos direitos do homem, enquanto a maioria insistia que já no Paraíso estava subordinada ao homem. Para essa relação, remetia-se de preferência ao apóstolo Paulo, em sua primeira epístola a Timóteo, que fundamenta a preponderância masculina nas pregações e na autoridade, pois "Adão foi criado primeiro, depois Eva" (2: 11-15) e citavam-se as famosas e mal-afamadas passagens da primeira epístola aos Coríntios, na qual Paulo diz que a mulher é apenas um reflexo do homem: "porque o homem não foi feito da mulher; e, sim, a mulher do homem. Porque também o homem não foi criado por causa da mulher; e, sim, a mulher por causa do homem" (11: 7-9). Por isso, tornou-se senso comum a opinião, aparentemente fundamentada como bíblica até os tempos modernos, de que o homem possuiria uma posição superior desde o início, porque ele seria o mais forte de ambos e o mais racional. A mulher teria se subordinado a ele de livre e espontânea vontade e por amor, obedecendo-lhe a contragosto desde a expulsão do Paraíso, e por isso Deus, em sábia previsão, impôs, por decreto, a dependência das mulheres pelos homens.

Uma ordenação social ideal

Visto que se supôs que o ser humano também se reproduziria no Paraíso se não tivesse caído em pecado, pensou-se como seriam as feições do convívio de uma humanidade cada vez mais numerosa. A educação das crianças teria sido para os pais sem preocupações e dificuldades, uma vez que os jovens não teriam vontade de impulsos irracionais, de modo que não teria havido necessidade de repreensões ou mesmo de castigos. Santo Agostinho imagina que os humanos recém-nascidos teriam se tornado imediatamente adultos após o nascimento e dotados de razão, enquanto outros teólogos acreditavam que as crianças iam amadurecendo aos pouquinhos, embora, talvez, mais rapidamente independentes do leite materno.

Quanto à ordem política, Santo Agostinho vê como uma conseqüência do pecado original a pompa que envolve os reis e príncipes do mundo atual. Contudo, haveria no Paraíso certa organização estatal porque a vida numa coletividade política é análoga à natureza humana. Os regentes pronunciariam, no entanto, apenas recomendações e não promulgariam leis com ameaças de punição, uma vez que a obediência espontânea e solícita às autoridades no Paraíso deveria diferenciar-se da obediência pela obrigação que precisou ser produzida após o pecado original.

Pelo contrário, os reformadores reconheciam nas instituições político-estatais um remédio prescrito por Deus somente depois do pecado original por causa da natureza perversa do homem, do qual os homens, na situação paradisíaca original, não tinham necessidade. O *slogan* provocativo dos camponeses no final da Idade Média contra a nobreza: "enquanto Adão cavava e Eva tecia, onde estava o nobre?" (original: *als Adam grub und Eva spann, wo war da der Edelmann?*) foi repelido com o argumento de que, como conseqüência da maldição de Cam pelo seu pai Noé (Gn 9: 26), Deus teria permitido também a servidão como instituição legítima no mundo pós-paradisíaco.

Um outro ponto de discussão foi a questão sobre se o Paraíso possuía direitos de propriedade. Na opinião tradicional, não se falou disso. Somente no início dos tempos modernos alguns detalhes foram discutidos: não houve sequer propriedade do solo lavrado por um indivíduo ou dos frutos colhidos pessoalmente? Com certeza se era contra a idéia de que o Paraíso pudesse ter conhecido a propriedade de humanos, portanto, não haveria nenhum tipo de servidão ou escravidão, instituições que só seriam geradas da natureza perversa do homem após sua expulsão do Éden. Responder a essas questões teria conseqüências de ampla extensão para as discussões, conduzidas por teólogos na Idade Média e início da Idade Moderna, sobre as instituições da sujeição servil e do comércio de escravos.

A *idade do primeiro casal humano*

Segundo Santo Agostinho e muitos autores posteriores que o seguiram nessa opinião, Adão, que havia se formado da terra e não concebido por pais, atingiu a maturidade imediatamente após sua criação. Muitos citam a idade de 24 anos ou ainda de trinta e de 33 anos, como a idade de Jesus, respectivamente ao início de sua aparição ou sua morte. Outros imaginavam que Adão tivesse vindo ao mundo com quarenta, com cinqüenta ou mesmo com setenta anos, em conexão com alguns autores da Antiguidade, que concediam à idade madura o uso integral do livre-arbítrio, quando as paixões tivessem perdido sua força decisiva. Sobre a idade de Eva, voltam a ser unânimes. Ela seria dez anos mais jovem que Adão, como competia à diferença ideal entre casais.

A discussão sobre a idade do primeiro casal humano durante a transgressão da proibição divina tem um significado mais amplo do que aparenta à primeira vista. Os teólogos entre os primeiros cristãos, como Irineu, bispo de Lyon, no final do século II, viam o casal humano no Paraíso como pessoas bem jovens, em concordância com a concepção judaica daquela época. Por meio do retrocesso à inexperiência infantil, o erro, para seus olhos, parecia imperdoável, mas não tinha, contudo, o valor altamente dramático que, para a interpretação cristã posterior, sobretudo sob o Doutor da Igreja Santo Agostinho, se tornou típico desde o século V. Pois, quanto mais bela se representasse a existência no Paraíso e quanto mais dons, vantagens e conhecimentos eram conferidos aos pais primevos, mais terrível pareceria a desobediência diante de seu criador e mais justas pareceriam as duras penas das fadigas do parto e do trabalho, bem como a necessidade de morrer e, sobretudo, os suplícios eternos do Inferno, de cuja existência o Gênesis ainda não informa, onde teriam caído, porém, os descendentes de Adão, segundo a doutrina cristã, como resultado do pecado original. Somente supondo que Adão e Eva, como pessoas adultas em plena posse de sua força de julgamento, se rebelaram por orgulho contra a proibição de Deus, para se equipararem a Deus, sua culpa parecia um insulto monstruoso à majestade divina, algo como um desafio titânico que resiste, cheio de altivez, contra Deus, como foi pintado muitíssimo freqüentemente com cores sombrias em pregações e na catequese.

A *paz entre homem e animais*

Segundo a opinião dos teólogos, pertencia à felicidade do homem no Paraíso que ele vivesse em perfeita harmonia com a natureza, sem intempéries e que não produzia plantas venenosas, nem malcheirosas, e mesmo as rosas cresciam sem espinhos. Todos os animais, inclusive os mais selvagens, eram amigáveis para com o homem e obedeciam à sua voz. Como fundamentação disso, cita-se a ordem de Deus no primeiro dos dois relatos de criação, que fala da criação do mundo em seis dias: "tenha ele domínio sobre os peixes do mar, sobre as aves dos céus, sobre os animais domésticos, sobre toda a terra e sobre todos os répteis que rastejam pela terra" (Gn 1: 26, idem 28). Neste texto, não se fala de um paraíso.

A ordem promulgada em seguida de Deus ao homem e também aos animais de se alimentarem das ervas da terra (Gn 1: 29-30) aparentemente, porém, era um indício de que tanto o homem quanto os animais a princípio deveriam ser vegetarianos — um mandamento que só teria sido suspenso quando o homem, depois do Dilúvio, teve a permissão de matar animais (Gn 9: 3). Disso se concluiu que nos primórdios da história imperaria não só a paz entre homem e animais, mas também dentro do mundo animal. A réplica evidente de que muitas espécies de animais só podem sobreviver e viver à custa de outras não deve ter escapado ao narrador bíblico. Mas matar-se uns aos outros por causa da sobrevivência contradizia abertamente sua representação de uma harmonia original da criação.

Tal situação primitiva "paradisíaca" é descrita pelo profeta Isaías (11: 6-8), quando expressa sua esperança de que haveria no "final dos tempos" um retorno aos primórdios da criação: "O lobo habitará com o cordeiro, e o leopardo se deitará junto ao cabrito; o bezerro, o leão novo e o animal cevado andarão juntos, e um pequenino os guiará. A vaca e a ursa pastarão juntas, e as suas crias juntas se deitarão; o leão comerá palha como o boi. A criança de peito brincará sobre a toca da áspide, e o já desmamado meterá a mão na cova do basilisco".

Cronologias estranhas

Como conclusão deste panorama sobre um mundo de representação, muito estranho que se tornou para nós hoje, seria ainda digno de observar que os teólogos usaram, já desde o final da Antiguidade, muita sagacidade para descobrir quando exatamente o mundo e o Paraíso foram criados por Deus. Segundo a Bíblia hebraica, isso ocorreu no ano 3760 a.C., uma data que o calendário judaico mantém até hoje. O cálculo se baseia nas indicações sobre o tempo de vida dos descendentes de Adão, sobre o Dilúvio e o tempo de vida dos patriarcas, sobre o tempo do êxodo israelita do Egito, os tempos de governo dos reis, bem como em outras indicações que se encontram na Bíblia. Visto que na Septuaginta, tradução bíblica para o grego do século III ou II a.C., que tinha valor especial para os cristãos até o período da Reforma, encontravam-se outras indicações de contagem, até o século XVII os cálculos eram constantemente refeitos. Para o período de tempo desde a criação do mundo até o nascimento de Cristo avaliava-se um número de anos que variava entre 3928 e 4051.

Tentou-se precisar melhor a data da criação do mundo com relação ao mês, ao dia ou até mesmo à hora, recorrendo-se às indicações no relato bíblico sobre a obra de seis dias (Gn 1). Em relação ao Jardim do Éden, supôs-se que teria sido imediatamente implantado após a retirada da água da Terra no terceiro dia da criação, ou seja, numa terça-feira, enquanto o homem teria sido criado no sexto dia, isto é, numa sexta-feira. Quanto ao mês, supôs-se que o momento da criação de Adão devesse corresponder à concepção de Jesus por Maria, que é comemorado no dia 25 de março. Assim, chega-se à conclusão de que Deus teria plantado o Jardim do Éden no dia 22 de março, ou seja, três dias antes da criação do homem. Segundo essa versão, a primavera, quando a natureza se renova, pareceu ser bastante apropriada tanto para a origem da Terra quanto para a implantação do Paraíso. Outros autores pensam no outono, mais concretamente no equinócio de setembro, para o qual se argumentou que as árvores traziam seus frutos. As opiniões com respeito ao horário em que tanto o mundo, quanto o Paraíso ou Adão foram criados variaram entre a madrugada, a manhãzinha ou ainda a noite.

Também há várias hipóteses para o momento em que Adão foi posto por Deus no Paraíso. Segundo uma, ocorreu imediatamente após sua criação; segundo outras, correram várias horas ou dias. Prazos parecidos foram supostos para o decorrer do tempo até o momento em que Deus pronunciou a proibição de comer da Árvore do Conhecimento. Da mesma forma se fizeram pensamentos sobre o tempo que Adão usou para nomear os animais, após a adequada reflexão. Estabeleceu-se, para isso, até catorze horas, ao fim das quais Adão atraiu os mais belos animais para perto de si para afagá-los e acariciá-los. Logo depois do difícil trabalho da nomeação de tantos animais, Adão teria caído de cansaço naquele sono profundo, utilizado por Deus para fabricar-lhe a companheira, a qual Deus conduziu imediatamente ao homem, segundo a opinião unânime dos teólogos.

Sobre a questão de quanto tempo decorreu até o pecado original, divergem novamente as interpretações. Apenas alguns autores são da opinião de que o pecado original tivesse ocorrido já no dia da criação da mulher. A maioria acredita em uma semana ou catorze dias para dar ao casal tempo de gozar ao menos um pouco da vida do Paraíso. São unânimes, por sua vez, com respeito ao dia da semana em que ocorrera a transgressão fatal. Visto que o redentor, segundo os cálculos acima citados, foi concebido numa sexta-feira e na Sexta-Feira da Paixão morreu na cruz, somente esse dia veio a ser ponderado. Com relação à hora em que Adão comeu do fruto proibido, só

8. Lucas Cranach, o Velho, *A fonte da juventude*, 1546.

O Paraíso 85

poderia ser ao meio-dia, novamente em paralelo com a morte de Jesus, pois, nessa hora, como conseqüência do pecado de Adão, Jesus teria sido pregado na cruz. Deduz-se, daí, que Eva tivesse tomado do fruto às onze horas e que às três da tarde, ou seja, na hora em que Jesus morrera, Deus apareceu no jardim para anunciar sua sentença ao casal humano. Argumenta-se que teria sido, também, o momento em que, no Oriente, surge uma brisa fresca após o calor do meio-dia. Uma hora mais tarde, temporalmente paralela à retirada de Jesus da cruz, o casal humano teria então sido expulso do Paraíso.

Paródias do Paraíso: o país da Cocanha e a Fonte da Juventude

Por volta do final da Idade Média, fantasiou-se muito sobre um país da Cocanha, onde pombos assados entravam voando na boca dos preguiçosos e onde a preguiça valia como a maior virtude. O nome desse país, conhecido também pelos contos de fadas dos irmãos Grimm com o nome alemão de *Schlaraffenland*, deriva do médio alto-alemão slur ("preguiçoso"), *affe* ("macaco", "pessoa tola") e *land* ("país"). No final da Idade Média foi um assunto muito caro às sátiras literárias, cujos exemplos mais famosos se encontram na *Barca dos tolos*, de Sebastian Brant (1494) e no *País da Cocanha*, de Hans Sachs (1530).

Houve uma secularização parecida das imagens do Paraíso quando surgiu, nessa época, na literatura e na arte, a representação do desejo de um banho rejuvenescedor numa fonte maravilhosa que substitui os rios que dão vida à Terra no jardim bíblico do Éden. Lucas Cranach representou plasticamente essa "fonte da juventude" na sua pintura de 1546: num jardim, velhos adoentados são trazidos em carrinhos, macas e carroças, de um dos lados de um tanque, alimentado por um chafariz artístico, alguns dos quais atravessam o tanque como homens e mulheres nuas. Outros se levantam novamente, saindo então, com corpos jovens e esguios, do lado contrário. Estão preparadas tendas adornadas para os rejuvenescidos, o símbolo do amor e do flerte, bem como uma mesa farta sob as árvores do jardim, à qual se pode comer ao som de músicos.

ADÃO E EVA EM LENDAS E POESIA

Adornos à história do Paraíso se encontram não só nos tratados dos teólogos. Também a rica literatura extrabíblica do judaísmo por volta do nascimento de Cristo tocou no assunto. Seus escritos encontraram ampliações muito freqüentemente nas refundições cristãs da Idade Média e se tornaram uma fonte de inspiração para muitos tipos de épicos e dramas, até os poemas volumosos dos séculos XVI e XVII, cujo exemplo mais significativo é o *O Paraíso perdido*, de John Milton.

Lilith

Por causa da sua temática picante, a antiqüíssima lenda judaica de Lilith, a primeira mulher de Adão, é ainda hoje muito mencionada. Como ele, ela foi criada do pó, mas não queria ficar abaixo de Adão na relação conjugal e também não estava pronta a subordinar-se a seu marido, motivo pelo qual foi transformada em um demônio. Só depois disso Deus teria fabricado Eva da costela de Adão, como a Bíblia relata. Mas quando Adão quis preparar-se na velhice para a sua morte e começou a jejuar e distanciar-se à noite de sua mulher, Lilith teria deitado com ele e, dessa união, gerado inumeráveis demônios. Desde então aparece freqüentemente aos homens adormecidos em sonho, para seduzi-los e para produzir, a partir de suas ejaculações, filhos e filhas demoníacos. Como uma sedutora de belos cabelos adornados com enfeites, Lilith aparece na Noite de Valpúrgis, no *Fausto* de Goethe.

A personagem descende de crenças populares babilônicas, nas quais Lilith aparece como um demônio feminino e vagabundo da noite, que mata criancinhas, enforcando-as. É nomeada apenas de passagem na Bíblia, como no profeta Isaías numa descrição da devastação do país vizinho de Edom, onde fantasmas vivem sob as ruínas das casas e dos palácios, juntamente com animais selvagens: "Lilith ali pousará" (Is 34: 14).Visto que neste nome soa a palavra hebraica *lailah* para "noite", surge a suposição de que Isaías teria se referido a um fantasma noturno.

Hoje a figura de Lilith é vista por muitos psicólogos como a irmã escura e renegada de Eva. Serve como metáfora para a igualdade e os direitos iguais da mulher, por sua ambição a uma sexualidade mais prazerosa, que seja independente do papel da maternidade.

A *vida de Adão e Eva*

A *Vita Adam et Evæ*, um texto originalmente judaico, traduzido no século IV numa redação cristã, gozou, durante toda a Idade Média, de grande divulgação. Nele foi relatado como Adão e Eva queriam submeter-se a penitências após sua expulsão do Paraíso para expiar o seu erro. Adão foi ao Jordão e Eva ao Tigre, para ficar quarenta dias e quarenta noites na água fria. Satã, que não gostou disso, mostrou-se a Eva após dezoito dias na forma de um anjo de luz e convenceu-a a sair do rio. Adão reconheceu o engodo e Eva rompeu-se em lágrimas. Ao reclamar com Satã, perguntando por que era tão perseguida, ele fundamenta seu ódio dizendo que tivera sido outrora expulso do céu porque se negara, por orgulho, a honrar a Adão, o recém-criado ser humano.

Quando está grávida de Caim, Eva vivencia pela primeira vez as dores do parto. Diante de sua aflição, Adão clama a Deus, que envia anjos. Esses esclarecem a ela sua situação e a abençoam. Depois que os anjos trouxeram para Adão muitos tipos de sementes e mostraram-lhe como as deveria plantar para alimentar sua família dos frutos, Eva deu à luz Abel. Os pais fizeram de um filho agricultor e do outro, pastor, para evitar, por meio da divisão de seus domínios, que houvesse entre eles inimizade. Em vão!

Também Adão conheceu as dores corporais, quando na idade de 930 anos sentiu que sua morte estava próxima. Enviou Eva e o seu terceiro filho Set ao portão do Paraíso, para pedir o óleo mitigante de dor da Árvore da Misericórdia. Mas o anjo Miguel lhe disse que seu pai somente obteria o óleo terapêutico no dia em que Cristo o conduzisse ao Paraíso. Após a morte de Adão, Set viu como Miguel entregou o pai nas mãos de Deus, no lugar onde deveria ficar até o Dia do Juízo. Seis dias mais tarde, Eva também morreu, ordenando previamente a seus filhos que anotassem a história de seus pais em tábuas de pedra e de argila.

A *madeira da cruz*

Uma lenda cristã (reproduzida na *Legenda Aurea* na Festividade da Descoberta da Cruz), que se liga ao escrito acima nomeado de *A vida de Adão e Eva*, descreve como Adão, velho e prestes a morrer, mandou o filho Set ao portão do Paraíso e pedir lá, para sua convalescença, o óleo da Árvore da Misericórdia. Em vez disso, Set teria obtido do arcanjo Miguel um galho da Árvore do Conhecimento, aquela pela qual seu pai havia outrora pecado. O anjo disse-lhe que dessa madeira cresceria a cura. Quando Set retornou, Adão já havia morrido, e, por isso, o filho plantou o galho no túmulo do pai. Dele cresceu uma grande árvore.

Na peregrinação de Moisés pelo deserto, a árvore crescida do túmulo de Adão serviu para a elevação da "serpente de bronze" (Nm 21: 4-9). Mais tarde teria chegado a Jerusalém, onde Salomão quis usá-la na construção do templo. Como, porém, o tronco não se acomodava em lugar algum, foi colocado como ponte sobre uma corrente d'água. Quando a rainha de Sabá, em sua viagem ao reino de Salomão, chegou à travessia, teve uma visão sobre seu papel futuro na redenção da humanidade. Prostrou-se, adorou o tronco e atravessou a água ao lado da ponte. Nos séculos seguintes — assim continua a narrativa —, a madeira ficou no tanque de Betesda em Jerusalém (cf. Jo 5: 7), onde agitava a água e por meio da qual muitos doentes que ali mergulhavam eram curados. Quando os sofrimentos de Cristo se aproximaram, o tronco teria finalmente subido à superfície, sendo usado para a confecção da cruz.

Essa lenda que hoje parece abstrusa é um exemplo claro do método da "tipologia" (do grego *typos* = forma ou modelo), comum na interpretação bíblica cristã da Antiguidade e da Idade Média. Com isso se supõe que determinadas pessoas ou acontecimentos no Antigo Testamento encontraram sua realização na história da salvação como um tipo de símbolo prévio no Novo Testamento. Um outro exemplo seria a já citada correlação entre Cristo e Adão e entre Maria e Eva.

O Paraíso perdido *de John Milton*

A vida de Adão e Eva inspirou, durante toda a Idade Média, muitos autores em outros arranjos da matéria, seja na forma épica, seja em peças dramáticas. No século XVI Hans Sachs escreveu uma "Tragédia" sobre isso; entre as tentativas dos dramaturgos do barroco encontramos Lope de Vega (1562-1635) em *A criação e a primeira culpa do homem* e Joost van den Vondel (1587-1679), muito famoso na sua época, em sua peça bíblica *A expulsão de Adão*.

Na virada do século XVII apareceram alguns grandes poemas, nos quais foi ordenado e resumido o que os 150 anos anteriores haviam produzido em reflexões sobre o tema Paraíso. Nomeiem-se aqui, sobretudo, a epopéia sobre a criação do mundo, *Le sette giornate del mondo creato*, de Torquato Tasso (1544-95), publicada próximo do fim de sua vida. Esse autor foi influenciado — assim como Milton, posteriormente — pelo hoje esquecido Guillaume de Salluste du Bartas (1544-94), que em sua obra *La sepmaine, ou création du monde*, enaltecida por Goethe, apresentou em versos altamente poéticos os capítulos 1 e 2 do Gênesis e, para isso, aludiu não apenas aos Doutores da Igreja latinos, mas também aos gregos que, durante a Renascença, voltaram a ser conhecidos.

O ponto final, ápice desse desenvolvimento, foi a volumosa epopéia de John Milton *O Paraíso perdido*, que, com base nas representações de seus predecessores teológicos e literários, dramatiza a narrativa bíblica de uma forma sem dúvida alguma altamente engenhosa em doze livros, cada um com mais de mil versos. No nono livro, o motivo por que Eva se deixou enganar pela serpente, por exemplo, é original. Ela se admira pelo fato de o animal ser capaz de falar e conversar racionalmente. Quando a serpente afirma que ela teria adquirido esse dom por ter comido de certo fruto, a mulher fica curiosa e se deixa conduzir até a árvore. Lá, a tentadora emprega toda sua retórica para superar a resistência de Eva. Para aplacar o medo que a mulher tem de morrer, argumenta que ela, a serpente, teria ficado viva após comer do fruto. De forma igualmente jeitosa, a reação de Adão foi explicada. Apesar de sua consternação diante do erro de Eva, que a entregou à morte, quer perecer com ela, devido ao imenso amor que sente pela esposa, e come também do fruto. Milton termina o canto mostrando o antes tão unido casal, logo em seguida envolvido em brigas, discussões e repreensões mútuas sobre o ocorrido.

O poeta descreve com força lírica o Paraíso como o "sítio feliz todo de encantos". Nele se encontram "uma planície onde alva mansa grei pasce a verdura; ou crespo outeiro de soberbas palmas; ou regadia várzea em que amplas moitas das flores todas a ufania ostentam, entre as quais sem espinho se ergue a rosa" (IV: 253-6). Na descrição poética de um passeio do primeiro casal humano no Paraíso apresentam-se também as representações de um relacionamento originalmente amigável dos homens com os animais selvagens: "Em redor dele saltam, pulam, brincam todos os brutos, inda não ferozes... o forte leão comado ali retouça amimando nas garras o cordeiro; deles por diante a seu sabor cabriolam os ursos, os leopardos, onças, tigres; o pesado elefante, pondo em obra seu poder todo por fazer-lhes festa, torce em mil voltas a flexível tromba" (IV: 343-7).

Milton enfatizou muitas vezes em palavras altamente poéticas o amor conjugal ideal, que dominava entre Adão e Eva antes do pecado. Mas aceita como evidente a convicção dos teólogos de que a mulher, desde o início (portanto não somente como punição), assumia uma posição inferior à do homem. Afirma, por exemplo: "deles o sexo em cada qual varia: todas se inculcam do varão as formas para o valor e intelecção talhadas, nas feições da mulher tudo respira: suavidade, brandura, encantos, graças; só de Deus ele possessão parece; mas ela, possessão de Deus e do homem" (IV: 295-9). Nos cabelos de Eva em "desgrenhadas tranças" que "livremente ondeiam", Milton vê um sinal da sua "sujeição, mas que cede a afável mando, que a concede a mulher, nela envolvendo meiga demora, suave relutância, modesto orgulho, submissão modesta, e tudo aceito com prazer pelo homem".

O autor será ainda mais claro em outras passagens (IV: 440-8), nas quais põe palavras na boca de Eva que hoje parecem estranhas. Quando Adão certa vez a convida a louvar a Deus com ele pelo prazer que lhe dá a sua colaboração no cultivo do jardim, revida orgulhosa: "meu guia e chefe meu... estando unida a ti, que te avantajas a mim por tantos dotes sem que encontres outrem que possa emparelhar contigo" — numa contradição óbvia à intenção de Deus ao criar a mulher (semelhantemente, IV: 635-8).

Um eco desses versos de Milton se encontra, aliás, no Oratório de Haydn *A criação*, de 1798, quando Eva, no prazeroso caminhar com Adão no Paraíso, diz-lhe: "Ó tu, para quem fui criada,/ minha proteção, meu escudo, meu tudo!/ A tua vontade é lei para mim./ Assim determinou o Senhor,/ e obedecer-te traz-/ me alegria, felicidade e honra".

O Paraíso perdido de John Milton influenciou, como nenhum outro poema, a representação das gerações seguintes. Depois dele nenhuma das obras que trataram do tema do Paraíso, cada vez mais numerosas, deve ser digna de nota especial. Isso vale também para a tragédia bíblica de Klopstock (1724-1803) *A morte de Adão*, dificilmente apreciável em nossos dias. Uma lista de autores hoje há muito esquecidos tocaram no assunto nos séculos XIX e XX. Como conseqüência do Iluminismo, alguns interpretaram o erro do primeiro casal humano não mais como pecado original, mas como a passagem do homem de uma situação animal para uma racional, o que não exclui uma dramática empolgante desde o princípio. Também não faltam anexos eróticos e humorísticos, que rapidamente resvalaram na banalidade.

A SIMBÓLICA DO PARAÍSO NA ARTE

Nas caracterizações dos cristãos primitivos, o Paraíso aparece apoiando-se nas antigas representações dos Elísios como idílio bucólico, ou se simboliza por meio dos temas do jardim, como guirlandas de flores e aves coloridas. Mais tarde será visto, de preferência, como uma paisagem espaçosa composta de árvores e atravessada por cursos d'água, sobre cujas campinas, não raro, animais fantásticos como a ave fênix e o unicórnio pastam ou cervos bebem numa fonte, à imitação do Salmo 42: 1 "Como suspira a corça pelas correntes das águas, assim, por ti, ó Deus, suspira a minha alma".

Na Idade Média e no Barroco apareceram inúmeras pinturas com cenas do Jardim do Éden. Muito freqüentemente foram representadas a criação de Adão do solo e a de Eva a partir do flanco do marido, o casal humano no jardim, em meio aos animais, a tentação de Eva pela serpente e a expulsão do Paraíso. Mas também não faltam o tema da penitência dos pais primevos ou cenas das lendas sobre a morte de Adão.

Os pais primevos

Na Igreja Oriental, Adão e Eva são santos, visto que somente por meio do seu erro a redenção se tornou possível. Por isso, na maioria das vezes, são acompanhados com um *nimbus* (auréola), o que é raro ocorrer no Ocidente. Aqui não se criou propriamente uma festa para eles, mas o calendário eclesiástico lembra seus nomes no dia 24 de dezembro.

Desde o século III encontram-se caracterizações de Adão e de Eva em algumas catacumbas, bem como em um mosaico feito em cerca de 200 d.C. na sinagoga de Dura Europos (Síria). Com o começo da Idade Média, são vistos também em inúmeras ilustrações da Bíblia, em relevos de portas de bronze e em ciclos de esculturas sobre os portais das igrejas e nos vitrais das catedrais. Às vezes, as reproduções da criação da mulher a partir do flanco de Adão causam estranheza. Eva é, ocasionalmente, apresentada como uma visão extática do adormecido Adão, que a avista num rosto em meio a sonhos, enquanto em *Scivias*, de Hildegard von Bingen, Eva sai como uma nuvem branca do lado de Adão. As cenas em que Deus conduz a mulher ao homem são apresentadas de preferência como símbolo do matrimônio com grande festividade. Em relação com os costumes de casamento há, muitas vezes, alusões a Adão e Eva na arte popular.

Há caracterizações de Adão em meio aos animais, nas quais é visto, com reminiscências de Orfeu, também como senhor dos animais ou como pastor. Alude-se à redenção de Adão por meio do sangue que escorre de Jesus, com caveiras e ossos de mortos, que se podem reconhecer com freqüência aos pés dos crucifixos. Segundo a lenda, Adão foi enterrado no túmulo do Gólgota, portanto, no lugar em que Cristo morreu na cruz.

A *serpente*

Muitas vezes a serpente é caracterizada na sua forma zoologicamente mais ou menos correta, mas, ao longo da Idade Média, também em formas cada vez mais fantásticas, algo como um dragão. Se em algumas representações da cena da tentação aparecia ereta, com membros anexos, em sua condenação, mais tarde, devia apresentar-se em uma forma de locomoção rastejante. Não raro a serpente possui também cabeça de mulher, cujos traços fisionômicos são semelhantes aos de Eva: entrevê-se aí uma artimanha do diabo, que esperava que os semelhantes se atraíssem mutuamente. Exemplos conhecidos dessas representações são os afrescos de Michelangelo na Capela Sistina e de Rafael na Stanza della Segnatura. Ocasionalmente a serpente também tem duas cabeças ou mesmo uma cabeça de cupido, quando a cena do pecado original adquire algumas feições preponderantemente eróticas, como, às vezes, ocorre na pintura do Renascimento e do Barroco.

Para muitas representações do Menino Jesus ou da Cruz, a serpente foi acrescentada como um atributo, para simbolizar a vitória de Cristo sobre Satã. Maria também costuma ser mostrada de pé sobre a lua minguante, esmagando a cabeça da serpente. Aparece assim como vitoriosa sobre Satã e a morte, que podem exercer seu poder nas esferas terrenas sob a mudança da lua, símbolo da transitoriedade.

As *árvores, a corrente e os quatro rios*

Enquanto no Antigo Oriente as representações da Árvore da Vida lembram, na maioria das vezes, uma tamareira, adotou-se na pintura ocidental a representação de uma macieira para a Árvore do Conhecimento, talvez porque *malum* (com *a* longo), a denominação latina para esse tipo de fruta amplamente espalhada na Europa, lembre a palavra semelhante *malum* (com *a* breve) para "mau/ruim". O axioma *"malum ex malo"* era bastante apreciado, porque permitia uma tradução ambígua: "do mau nasce o mal" ou "o mal vem da maçã".

9. *Personificação dos rios do Paraíso*, relevo em Chartres, séculos XII-XIII.

O próprio texto bíblico não diz, porém, nada sobre o tipo da fruta da qual o primeiro casal humano comeu. A tradição judaica pensa antes numa figueira, uma vez que, assim que comeram o fruto, se mencionam as folhas de figueira sendo utilizadas como vestimenta. Mas a videira também é citada, aludindo à sua capacidade de eliminar a razão, associada a ela por causa do vinho. A partir da citação das folhas de figueira, a arte se deixou inspirar e utili-

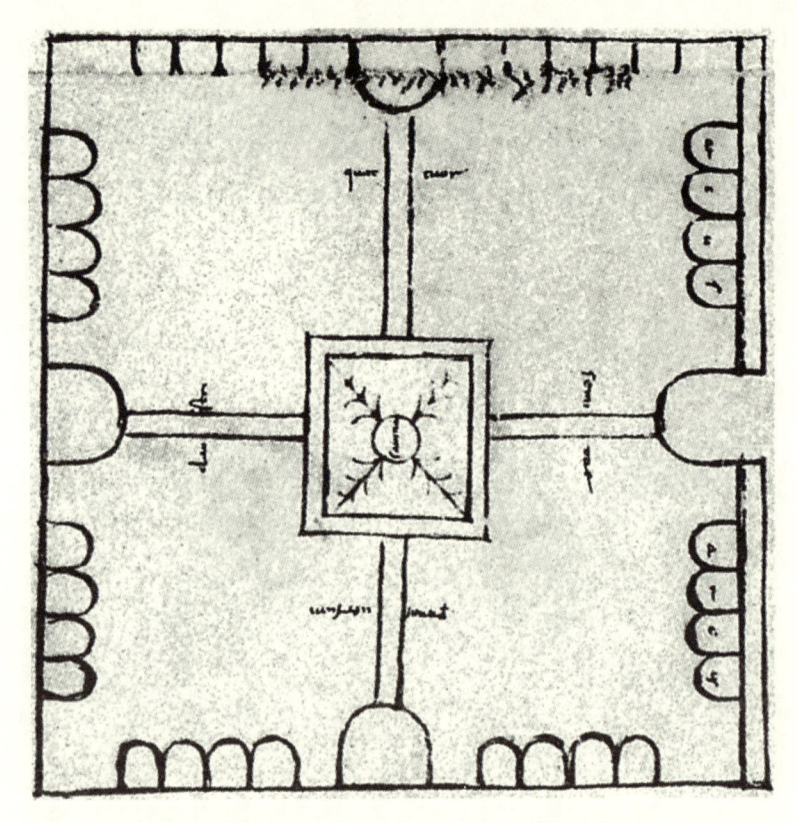

10. *O grande claustro*, planta do mosteiro de St. Gallen, 816.

zou-as em tempos de pudicícia no lugar das partes pudendas humanas nas pinturas e esculturas. Disso nasceu a expressão proverbial alemã *"ein Feigenblatt umhängen"* (literalmente "pôr uma folha de figueira"), que significa disfarçar uma fraqueza ou um erro.

Desde o século IV ocorrem representações que mostram os rios do Paraíso como quatro línguas d'água que brotam do solo. Na Idade Média, por exemplo, são personificados em pias de batismo, às vezes, na figura de quatro homens que seguram recipientes, dos quais corre água.

Claustro e jardins de clausura

Nas pinturas medievais e, sobretudo, em pinturas de livros se encontra freqüentemente um "jardinzinho do Paraíso", estilizado com uma arquitetura gótica de fontes no seu centro e rodeado de paredes com torres e um portão (*hortus conclusus* = jardim fechado). Com isso já se integraram temas da iconografia da "Jerusalém Celestial" do Apocalipse de João, de modo que nem sempre é muito claro se houve alusão ao Paraíso primitivo ou ao futuro.

Também o claustro nos mosteiros, um salão interno dedicado à meditação, em volta do qual são agrupados, de um lado, a igreja, e, do outro, as salas comuns dos monges (sala do cabido, refeitório, dormitório ou celas), deve ser visto como um símbolo do Paraíso. Aliás, os átrios formados de maneira semelhante nas antigas basílicas cristãs teriam sido chamados de "paraísos", uma denominação que ainda se mantém, por exemplo, na catedral de Essen.

O nome alemão para claustro, *Kreuzgang*, vem, provavelmente, das procissões com a cruz que se encontravam nas arcadas adjacentes. Mais exata é, porém, a expressão inglesa *cloister* e a francesa *cloître* (do latim *claudere* = trancar a chave, de onde vem *claustrum* do português claustro). Pois se trata, de fato, de um jardim encerrado, à sua volta, por colunatas. Sua forma quadrangular, os caminhos cruzados através dele ou as correntes d'água em quatro porções de grama igualmente grandes, repartidos em arbustos e sebes de flores, apontam a perfeição de um mundo paradisíaco. A fonte ao centro simboliza a corrente que alimenta os quatro rios que saem do Jardim do Éden e irrigam o globo terrestre.

Mas também nos demais jardins do mosteiro a lembrança do Jardim do Éden é evocada. Na ainda mantida "planta do mosteiro de Sankt Gallen", um plano do primeiro terço do século IX, temos um modelo que é típico da construção dos mosteiros que aparecerão nos séculos seguintes. Lá as hortas e os pomares, todos cercados ou murados, ocupam um grande espaço. Surpreendente é a sua simbólica numérica herdada da Antiguidade nessa planta: os pomares são divididos em dezoito; os jardins dedicados às ervas medicinais, em dezesseis canteiros, o que resulta como a soma dos números sagrados 9 + 9 e 9 + 7. O nove lembra os nove coros dos anjos; o sete, a força da bênção vinda do céu, enquanto o quadrado do canteiro e a ordenação de 4 x 4 canteiros de ervas apontam para a força da terra simbolizada no número quatro.

Os pomares, um símbolo da ressurreição, por meio da mudança da tranqüilidade do inverno para a frutificação no verão e no outono, servia também de cemitério para os monges, razão pela qual, no meio das fileiras de árvores e túmulos, uma cruz era erigida como reprodução da Árvore da Vida. Dessa forma, o trabalho dos monges no jardim recebeu um elemento contemplativo, que apontava tanto para a perfeição pretendida por Deus na criação do Paraíso original, quanto para a glória futura no céu.

O jardim do Paraíso mariano *como* hortus conclusus

A idéia de um jardim fechado com sua fonte e sua exuberância em flores e frutos originou-se do Cântico dos Cânticos bíblico. Utiliza a simbólica espalhada em todas as culturas da mulher como jardim ou como fonte, quando o noivo compara sua amada com um jardim de delícias (em hebraico *pardes*, ou seja "paraíso"): "Jardim fechado és tu, minha irmã, minha noiva, manancial recluso, fonte selada. Os teus renovos são um pomar de romãs, com frutos excelentes: a hena e o nardo; o nardo e o açafrão, o cálamo e o cinamomo, com toda a sorte de árvores de incenso; a mirra e o aloés, com

11. *Jardim do Cântico dos Cânticos*, com Cristo e a Igreja como noivo e noiva, xilogravura de um livro impresso nos Países Baixos, cerca de 1500.

todas as principais especiarias. És fonte dos jardins, poços das águas vivas..." (Ct 4: 12-15)

Os *Cantares de Salomão*, o *Canticus Canticorum* (= *Cântico dos cânticos*), são uma coleção de poemas, em que dois amantes se encontram e se perdem novamente, se procuram e se renovam. O amado é chamado de "rei" ou de Salomão, que também é declarado no título como autor, enquanto a amada se chama Sulamita, forma feminina do nome de Salomão, o que significa provavelmente "pertencente a Salomão". Visto que o poema fala apenas do amor apaixonado e Deus não aparece nele, sua admissão nas Sagradas Escrituras pode causar admiração. Explica-se, por meio da interpretação alegórica antiga, empregada já no judaísmo do século II a.C., que nos cânticos se vê uma representação velada do relacionamento cheio de vicissitudes entre Deus, o noivo, e o povo de Israel, sua noiva. Essa alegoria foi admitida já nos primeiros escritores cristãos e reinterpretada como símbolo do casamento místico entre Cristo e a Igreja ou da alma com Deus. Desde o século IV, a noiva foi interpretada com Maria e desde cedo equiparada ao Paraíso, pois a mística mariana que surgia na época via no "jardim fechado" dos Cantares uma alusão à virgindade de Maria.

A partir disso, desenvolveu-se, na arte do século XV, muitos tipos de representações na ilustração de livros e nas pinturas de altares, nos quais Maria está sentada sozinha meditando ou com seu filho, num jardim rodeado por uma cerca, uma sebe de rosas ou um muro. O tapete de grama coberto de flores aos seus pés e os arbustos ao fundo apontam para suas qualidades: rosas brancas e lírios são símbolos de sua pureza; rosas vermelhas, seu amor perfeito a Deus; as violetas, uma vez que rentes ao solo, são símbolo de sua humildade, mas significam ao mesmo tempo, por meio da cor roxa, a elevação da menina de baixa condição à rainha do céu; quase nunca falta a aquilégia, também conhecida popularmente como "erva-pombinha" e "luvas-de-nossa-senhora", recordando no seu azul tirante a violeta os dons do Espírito Santo; os cravos lembram os cravos ensangüentados que perfuraram as mãos e os pés de seu filho, e as folhas pontudas da íris, as dores, que penetraram o coração da mãe de Deus em seu sofrimento. Freqüentemente se vêem também campânulas brancas e lírios do vale, que indicam na natureza o início da primavera, como símbolo da ressurreição, assim como os morangos são símbolo da mãe pura, visto que, ao mesmo tempo, florescem e dão frutos.

Sob todas essas flores pintadas de maneira afetuosa e natural pode-se, não raro, reconhecer ervas medicinais, sobretudo a sálvia, a hortelã e o funcho. Elas mostram o poder de dar a vida das plantas do Paraíso e o papel salvador de Maria como "farmácia maravilhosa" nas enfermidades do dia-a-dia. Não é à toa que no mundo germânico se encontra hoje, em quase todas as cidades, uma "farmácia de Maria" e nas casas dos camponeses um "jardinzinho de especiarias", ao lado da exuberância de suas flores, ao qual as camponesas também recorrem contra todos os tipos de doenças e levam uma amostra à festa da Assunção de Maria em uma cestinha.

A PROCURA DO PARAÍSO HISTÓRICO

Para os teólogos cristãos, o Jardim do Éden se encontrava outrora num local concreto sobre a Terra. Apenas alguns dos Doutores da Igreja queriam localizá-lo no Céu e interpretar as indicações bíblicas como alegóricas, por exemplo, um símbolo da vida perfeita com os quatro rios, como as virtudes cardeais. Tais anexos se encontram no século I com o autor judeu Filo de Alexandria ou, mais tarde, com Orígenes (morto entre 252 e 254), que não queria negar a existência do Paraíso, mas se perguntava se era preciso entender tão literalmente um relato no qual Deus planta árvores como um camponês. A maioria buscava, contudo, unificar a interpretação literal com uma mística. Famosa é a edição de Santo Agostinho que, por um lado, enfatizava a primazia de um "sentido ao pé da letra" diante de uma explicação alegórica, mas, por outro, interpretava o Paraíso como a Igreja, os quatro rios como o Evangelho, as árvores como os santos, a Árvore da Vida como Cristo, e a Árvore do Conhecimento como o livre-arbítrio do homem.

Tentativa de localização

Muitas vezes se era da opinião que o Paraíso, o centro santo do mundo, continuaria existindo em algum lugar. Sobre sua posição geográfica havia duas versões. Uma delas se baseava na antiqüíssima representação da Terra sendo plana e rodeada pela água do oceano primitivo. Outra seguia já o modelo de mundo do geógrafo grego Ptolomeu do século II, que via a Terra como uma esfera.

Segundo a opinião mais antiga, houve, além do oceano primitivo que abrangia a superfície da Terra plana, uma porção de terra exterior, sobre a qual o Paraíso se encontrava. Isso foi representado no século VI, por exemplo, por Cosmas Indicopleustes, um comerciante muito viajado que se tornara monge em seu *Topografia cristã*. Cosmas polemizou contra as opiniões de Ptolomeu, consideradas pagãs do seu ponto de vista, afirmando que, após o pecado de Adão, seus descendentes teriam continuado a viver naquela terra, que era, contudo, difícil de trabalhar e cheia de animais selvagens, até Noé, durante o Dilúvio, ter atravessado em sua arca em quinhentos dias o oceano exterior e, dessa forma, atingido a terra morada pelos homens hoje. Um outro autor, muito utilizado pelos comentaristas bíblicos nos séculos XVI-XVIII, foi Moisés Bar Kephas, bispo de Mossul (hoje Iraque) por volta do ano 800. Segundo ele, o Paraíso ficava também do outro lado do oceano, mais alto do que as mais altas montanhas, de modo que a água somente chegava até seus sopés.

Essa representação compartilhada por muitos autores cristãos trazia naturalmente consigo a questão de como podem os quatro rios desse Paraíso localizado além do grande oceano vir à terra conhecida por nós. Encontrou-se, porém, a explicação que eles atravessavam o oceano por meio de um caminho subterrâneo, antes que reaparecessem nos quatro cantos da terra como fontes. Ou se era da opinião de que a corrente do Paraíso, originalmente única, desembocasse com sua água doce no oceano salgado, evaporasse lá por meio do sol, de modo que surjam nuvens e chuvas, as quais produziriam as fontes dos quatro rios.

Quanto a esses rios, o historiador judeu Flávio Josefo (37/38-cerca de 100 d.C.) tinha nomeado, reproduzindo provavelmente a opinião do judaísmo de então, o Ganges na Índia, bem como o Nilo, que atravessa o Egito, ao lado do Eufrates e do Tigre (*Antiguidades* 1: 1: 3). Essa identificação era mantida na maioria das vezes nessa seqüência; ocasionalmente o Danúbio toma o lugar do Ganges. O cavaleiro Jean de Joinville, que acompanhou São Luís ao Egito na sétima cruzada, conta em sua biografia do rei que ele teria ouvido falar que lá havia estranhos frutos que eram retirados do Nilo com redes de pesca e só poderiam vir do Paraíso, de onde caem de suas árvores pelo vento.

Para o arcebispo Isidoro de Sevilha (cerca de 560-636), um dos homens mais eruditos de sua época, o modelo de mundo ptolomaico, com a terra como uma esfera no centro do Universo, era evidente, de modo que, para ele, um local para além do oceano que circularia a terra plana não poderia mais entrar em questão. No tratamento geográfico da Ásia, transferiu o Paraíso para as terras de lá por causa da indicação bíblica "da banda do Oriente" e se posicionou contra a identificação do Paraíso com as "Ilhas dos Bem-aventurados", isto é, as Canárias, que se localizavam a oeste, embora admitisse que tinham um clima "paradisíaco".

Os teólogos medievais seguiam Isidoro, que tinha resumido em seus escritos de maneira enciclopédica não somente a tradição cristã, mas também o conhecimento profano dos antigos. Para Tomás de Aquino existia o Paraíso "num local posicionado ao Oriente... isolado por vários obstáculos, contra nossa moradia, quer por montanhas, quer por mares ou uma faixa de terra quente, que não podemos atravessar". Os rios vindos de lá penetrariam em cavernas subterrâneas sob essas montanhas, como se observa freqüentemente também em cursos d'água. Contra a opinião de alguns que afirmavam que o Paraíso deveria localizar-se na altura do Equador, porque lá não haveria frio, por causa da mesma duração constante do dia e da noite, retorquia-se que Aristóteles já teria dito que o local seria inabitável por causa do intenso calor.

Para a convicção comum de que o Paraíso ficaria em algum lugar da Ásia, contribuíram os vagos relatos que sempre invadiram a Europa sobre paisagens frutíferas e ricas atrás de extensos desertos e montanhas imensamente altas. Aceitando que a existência de tal região maravilhosa onde os homens poderiam viver felizes e sem preocupações materiais revelasse a proximidade do Paraíso, supôs-se que não ficaria muito longe do reino rico e feliz de preste João. A lenda desse reino do rei-padre surgiu na segunda metade do século XII e se manteve até o XVII. Remonta provavelmente a relatos sobre as comunidades cristãs (nestorianas) que havia, de fato, na Ásia Central ou sobre os assim chamados cristãos de Tomé na costa sudoeste da Índia, cuja existência foi atribuída à pregação do apóstolo de mesmo nome. Era o tempo das cruzadas, e a perspectiva de se poder pressionar militarmente o Islã — posicionado como barreira entre o Ocidente e a Ásia — por meio da união com um reino cristão oriental era fascinante. Por volta dos anos 1165-77 apareceu na Europa inclusive uma carta do preste João ao imperador bizantino, uma evidente falsificação que deveria remontar às quimeras fantasiosas, como a que seria descrita por Umberto Eco no seu irônico romance *Baudolino*. Essa suposta carta descreve o reino de preste João nas cores mais vivas, como um país onde manam o leite e o mel e que é incomensuravelmente rico em pedras preciosas de todos os tipos e em especiarias, as quais espalham cheiros aromáticos etc., de modo que sua proximidade do Paraíso terrestre não gera nenhuma dúvida.

Boatos semelhantes se espalham sobre um reino cristão na Etiópia, razão pela qual se supôs que o Paraíso também se encontrava naquela região da África, mais propriamente numa cadeia montanhosa chamada Amhara, evidentemente nas proximidades da capital Amhara da atual Eritréia, que fica a 2350 metros de altura, uma hipótese que é mencionada n'*O Paraíso perdido* de John Milton (IV: 281).

Viagens imaginárias e cartografia medieval

Para todos esses autores, havia a convicção comum de que o Paraíso continuava existindo na Terra com a Árvore da Vida no seu centro, mas ficaria por detrás de altas montanhas e, por isso, se teria tornado inacessível aos homens. Como prova disso, serviam-se de uma série de relatos de viagem fantasiosos. Assim, em sua marcha à Índia, Alexandre, o Grande, deveria ter chegado até o Paraíso, como conta o escrito *Alexandri Magni Iter ad Paradisum*, editado por um autor judeu entre 1100 e 1175. Após sua chegada ao Ganges, o rei teria partido com uma tropa escolhida rio acima à procura do Paraíso terrestre e teria conseguido chegar, finalmente, a uma cidade murada que se estendia à sua margem sem aberturas e portões. Continuando mais três dias de viagem, Alexandre e seus companheiros teriam então olhado por uma pequena janela do muro, na qual apareceu um velho. À ordem de Alexandre de pagar-lhe o tributo, o velho teria respondido que essa seria a cidade dos bem-aventurados e que ninguém deveria ficar por ali muito tempo, caso contrário seria tragado por enchentes. A narrativa entrou nos diversos romances da Idade Média sobre Alexandre, assim como na *Gesta Romanorum*.

Um outro relato, muito divulgado no seu tempo em toda a Europa, provém de Sir John Mandeville (morto em 1373), possivelmente um médico de Liège que, supostamente, teria conseguido chegar à China, mas que talvez apenas resumira de forma hábil em uma coleção descrições de países conhecidos na época. Sabia contar muito sobre o país do preste João — mas nada de novo —

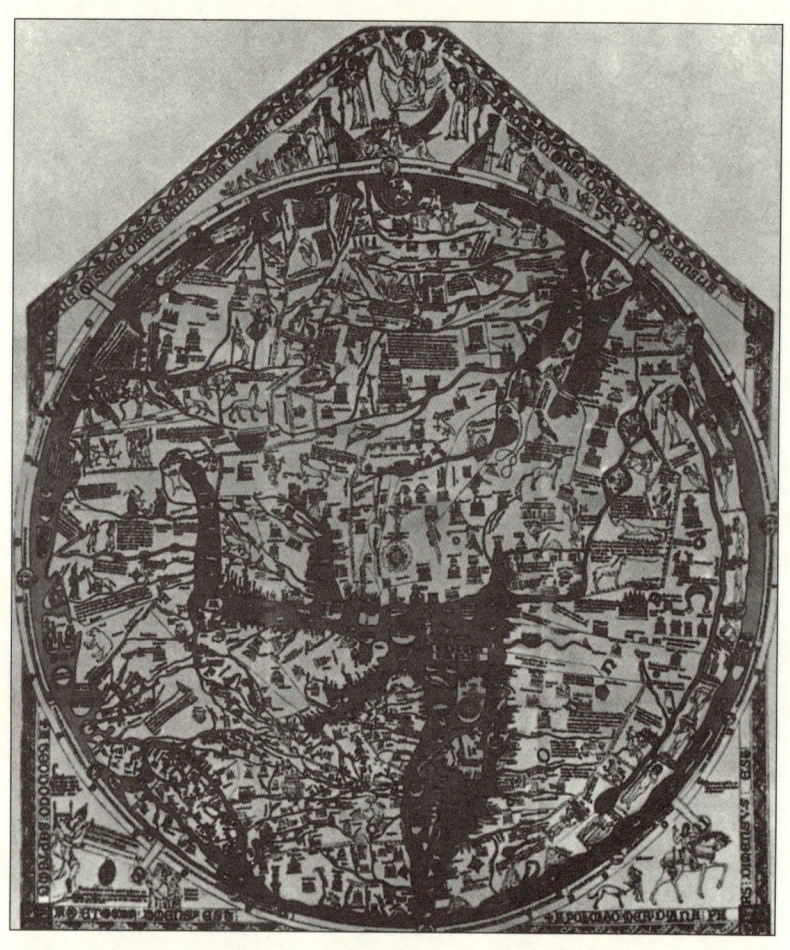

12. *Mapa de parede da Catedral de Hereford*, cerca de 1276-83.

e afirmava que teria chegado de lá até as proximidades do Paraíso, mas não teria podido entrar por não o merecer, e saberia que o Paraíso ficava numa alta montanha que chegava até a órbita da Lua. Seria cercado de um alto muro, cujo único portão era trancado por uma labareda. Desse altíssimo lugar do planeta fluiriam os quatro rios que perpassam os países da Terra.

Também o infante português dom Pedro, um irmão de Henrique, o Navegador, teria chegado até às bordas do Paraíso. Inicialmente precisava atravessar a terra dos gigantes, para chegar ao reino de preste João, assim como a terra de uma raça de pessoas que tinham apenas uma única perna, que se assemelhava à de um cavalo e que traziam seus órgãos sexuais no meio do corpo. Depois de uma mais longa estada, o rei-padre o teria, a seu pedido, equipado com guias e dromedários para ver o local do Paraíso. Com eles dom Pedro teria cavalgado durante dezessete dias através de um deserto sem caminhos até mirar, à distância, montanhas extremamente altas. Então os guias o teriam desaconselhado de avançar mais e o teriam conduzido ao curso superior dos quatro rios vindos do Paraíso. Então ele teria visto que no Tigre boiavam ramos de oliveira e de cipreste; no Eufrates, folhas de palmas e de murta; no Giom, uma árvore de aloés e, no Pisom, ninhos com papagaios.

Como se vê, os relatos de viagem da Idade Média eram impensáveis sem os seres fabulosos que se supunha na época sobre as margens externas da Terra e os quais, cada viajante a caminho do Paraíso terrestre, teria forçosamente encontrado: ciápodes (com uma perna só), cinocéfalos (com cabeça de cachorro), panócios (homens com enormes orelhas que cobriam todo o corpo) e também seres vivos engenhosos sem cabeça, que traziam seus olhos nas costas ou seus narizes e bocas no meio do peito, além do povo belicoso das Amazonas, composto exclusivamente de mulheres, do qual a mitologia grega teria falado. Umberto Eco elaborou uma história bastante divertida, com muitos chistes e humor, a partir de todas essas fantásticas criaturas da literatura daquela época, quando manda o herói de seu já citado romance *Baudolino* à procura do reino de preste João.

As cosmografias medievais e os mapas mundiais (*Mappæ Mundi*) confirmam a convicção de então de que o Paraíso se encontraria em algum lugar da Terra. Enquanto Jerusalém ficava quase sempre no centro do mapa, o Paraíso era posto longe, no Leste da Ásia, freqüentemente como uma ilha no oceano que rodeava os continentes, ou ainda separado por uma parede de fogo. Era rodeado por um muro com um só portão, que estava fechado, e era simbolizado pelas figuras de Adão e Eva sob a árvore ou os querubins com a espada, às vezes também por uma fonte de onde saíam os quatro rios.

Somente quando se tornou comum a convicção da forma esférica da Terra no começo do Renascimento, parou-se de indicar o Paraíso nos mapas e globos. Dessa forma, ele não está presente no famoso globo de Martin Behaim de 1492. Behaim não queria renunciar, porém, a uma ilha legendária, que pudesse ser vista como o Paraíso terrestre. Seu globo mostra o oceano ocidental sem as terras descobertas por Colombo naquele ano, mas indica, no meio, a Ilha de S. Brendano, entre as ilhas dos Açores e de Cabo Verde de um lado e a de Cipangu (Japão) do outro. Uma notícia dela remonta à lenda irlandesa do século IX, que foi muito divulgada durante toda a Idade Média em quatro variantes, como *Peregrinatio Sancti Blandini*. Segundo essa lenda, o piedoso abade, desviado por ventos e correntezas, depois de muito errar teria atingido uma ilha com vegetação exuberante e com clima ameno, na qual uma amostra do Paraíso lhe teria sido concedida por ordem de Deus, para onde ele iria logo após seu retorno.

As Grandes Descobertas

Até o início da Idade Moderna se acreditava piamente que o Jardim do Éden ficava em algum lugar da Ásia. Com o começo das Grandes Descobertas o olhar foi dirigido, contudo, para outros locais do mundo. Viajantes que já no século XIV chegaram ao

Ceilão, atual Sri Lanka, acreditavam, por causa da fauna e flora exuberantes da ilha, que estariam bem próximos do Paraíso. Um deles relatou que teria visto lá uma montanha extremamente alta chamada "Pico de Adão". Segundo as histórias dos nativos, seu cume estaria na maioria das vezes coberto de nuvens, mas era possível vislumbrar nele o Paraíso, quando, ao dissiparem em raros momentos, permitiam a visão.

Colombo foi possuído pela idéia de que as "Índias" descobertas por ele estariam na proximidade do Paraíso terrestre. Contra as idéias dos teólogos medievais que teriam excluído sua localização ao Equador por causa de seu calor demasiadamente intenso, comprovou então que essas zonas eram habitadas. Em relato sobre sua terceira viagem que o conduziu ao golfo de Paria à foz do Orinoco, opinou que o Paraíso não poderia ser muito mais longe dali, embora seu acesso tivesse sido barrado. A favor dessa opinião estavam as temperaturas amenas, a correnteza poderosa, que somente poderia ter sua origem no Paraíso, bem como o fato surpreendente de que nesse golfo uma quantidade tão grande de água doce pudesse permanecer no meio da água salgada.

A mesma opinião teve também Américo Vespúcio, de quem o novo continente adquiriu o nome. Ele viajou entre 1499 e 1502 pela costa dos atuais Suriname e Brasil e descreveu, entusiasmado, o número infinito de árvores extraordinariamente altas que nunca perdem suas folhas e que dão frutas suculentas e de bom sabor, as pradarias amplas cheias de flores maravilhosas que recendem odores aromáticos, bem como a infinita quantidade de aves dos mais diferentes tipos com suas plumagens coloridas em todas as cores imagináveis. Outras viagens de descoberta elogiavam, sobretudo, os frutos "paradisíacos" que as novas terras produziam: maracujá e abacaxi, a fruta mais saborosa que há no mundo. Ainda hoje o tomate é chamado de *Paradeiser* na Baviera e na Áustria.

Na proximidade do Jardim do Éden parecia, por isso, evidente que se encontrassem esmeraldas, que representavam na Antiguidade e na Idade Média o símbolo da vida eterna, ou papagaios em tão grande quantidade. Eram vistos, sobretudo, como aves do Paraíso, pois, no mundo das aves, somente eles teriam mantido a capacidade de falar para além do pecado original.

Também da suposta longevidade dos indígenas, que viviam até 130 anos, tiraram conclusões análogas. Nessa época surge o mito do "bom selvagem", que conduziria uma vida sem pecado, nu, como outrora viviam Adão e Eva, sem autoridades nem obrigação de trabalho, sem comércio e propriedade e sem capacidade de mentir ou de praticar maldades num clima agradável, em meio a uma natureza generosa, que fornecia tudo de que precisava. Não é de se admirar que um autor português do século XVII estivesse convencido de que o Paraíso terrestre estivesse no coração da América do Sul e que os quatro rios, dos quais a Bíblia fala, fossem o rio da Prata, o Amazonas, o Orinoco e a corrente marítima do estreito de Magalhães.

A *exegese bíblica desde o tempo da Reforma*

Embora os navegadores das Descobertas relatassem que teriam chegado a lugares no Equador que haviam mantido certos aspectos e traços do magnífico Jardim do Éden, os comentadores bíblicos da Reforma e da Contra-reforma não se deixaram convencer disso. Invocavam para tal as Sagradas Escrituras que diziam claramente que o Jardim do Éden se localizava na banda do Oriente. Muitos protestantes, sobretudo Lutero, achavam, contudo, que o Paraíso perdurava por um "erro papal". Aos poucos os autores católicos também se associaram à interpretação protestante. Dessa forma, impôs-se aos poucos a sóbria conclusão de que o Paraíso terrestre teria desaparecido da face da Terra, provavelmente tragado pelo Dilúvio.

Os eruditos, contudo, não tinham dúvidas. Eles acreditavam que, não sendo mera alegoria, o Paraíso terrestre teria existido, de fato, em algum lugar no começo da humanidade, visto que a fé no pecado original e a na existência histórica do Paraíso terrestre pareciam ser indissociáveis uma da outra. Tanto católicos quanto protestantes se voltavam contra representações em que o Paraíso se localizava bem próximo da Lua ou a grande altura sobre a Terra. Também repudiavam de modo geral a opinião de que toda a Terra tivesse sido paradisíaca, de modo que os pais primevos não tivessem mudado de lugar na transgressão, mas sim as condições de vida. Da mesma forma, uma interpretação puramente alegórica era rejeitada. O teólogo católico mais famoso em seu tempo, Francisco Suárez (1548-1619), classificou o ensinamento de que o Paraíso implantado por Deus era um lugar terrestre e tudo que está dito na Bíblia sobre a criação era *"de fide"* ("pertencente à fé"), destinando-lhe o grau de certeza de uma verdade de fé revelada.

Os séculos XVI e XVII produziram em todas as confissões uma grande quantidade de tratados que queriam comprovar "cientificamente" a historicidade do Paraíso, renunciando a todas as lendas e fantasias da Idade Média. Indicava-se a localização numa posição longínqua da Ásia Central e procurou-se unir a melhoria da interpretação da Bíblia por meio do conhecimento readquirido do hebraico com as novas informações geográficas. Ocasionalmente foi nomeado de novo o monte Amhara na Etiópia, mas a maioria dos autores optava pelo Oriente Médio ou pelo Oriente Próximo. Grande influência nisso teve a opinião de Calvino de que o Paraíso se situava na "Assíria", isto é, na Mesopotâmia central, em algum lugar nas proximidades da antiga Selêucia às margens do Tigre, ao norte da atual Bagdá. Permaneceu-se com a opinião geral de que o jardim estivesse rodeado de altas montanhas sob as quais a grande corrente, por via subterrânea, se dividia posteriormente nos quatro rios para irrigar o resto da Terra. Essa representação e a localização de Calvino "entre Haran e Selêucia" foram aceitas por Milton (IV: 208-14), que, em outra passagem, também cita a montanha Amhara na Abissínia (IV: 281-7). Outros pensam no Shat-el-Arab, a confluência do Eufrates e do Tigre. Ali há durante todo o ano uma abundância de água, e a região é famosa pela quantidade de árvores frutíferas que fornecem a maioria das colheitas mundiais de tâmaras. Contudo, o turista de nossos dias duvidaria do caráter paradisíaco desse local, pelo menos por causa de seu verão extremamente quente.

A ciência bíblica atual não pergunta mais, no entanto, onde o Paraíso se situava de fato, mas apenas onde o autor bíblico teria imaginado que ele ficasse. Alguns exegetas supuseram, por causa da menção dos quatro rios, que o autor teria pensado no país atrás dos altos montes ao norte da Mesopotâmia, onde o Eufrates e o Tigre têm, de fato, sua origem. Isso corresponderia muito bem à "geografia mítica" que se encontra na tradição de muitos povos. De fato há a notícia muito divulgada de uma alta montanha como moradia da divindade, da qual fluem quatro rios para irrigar a Terra. Pensa-se, por exemplo, na representação muito parecida do budismo tibetano, que crê ser santo o monte Kailash, em cujo sopé também quatro rios formam sua saída e, como os raios de uma roda, fluem para todos os quatro pontos cardeais.

O encantamento da história primitiva humana

Até os tempos modernos a Bíblia era — não se deve esquecer disso — a única fonte de conhecimento sobre a história mundial. Um dos últimos destaques das especulações já citadas sobre o momento da criação e do Paraíso foram os *Annales Veteris Testamenti* (Anais do Velho Testamento), publicados entre 1650 e 1654 por James Ussher, arcebispo anglicano de Armagh e Primas da Irlanda. Os dois grandes volumes, de 2 mil páginas no total, apresentam, com indicações exatas de ano, data, mês e hora, uma cronologia da história mundial de seus primórdios na Criação até a destruição de Jerusalém por Tito, no ano 70 d.C., datando, assim, a criação do mundo ao meio-dia do dia 23 de outubro de 4004 a.C. Esses dados foram aceitos pelo bispo Bossuet (1627-1704), o pregador da corte de Luís XIV, em seu *Discours sur l'histoire universelle*, amplamente divulgado, publicado em 1681, que ele compôs como educador de Dauphin, o herdeiro à coroa.

Por volta do fim do século XVII cresceram as primeiras dúvidas diante de tais tentativas de datação. Isaac Newton (1643-1727), embora se dedicasse a vida toda à cronologia bíblica, não sugeriu nenhuma outra data para a Criação. Logo depois — já durante o Iluminismo — a dúvida em uma idade do mundo de apenas 4000 até o nascimento de Cristo se tornava cada vez maior. Voltaire (1694-1778) argumentava que com a lentidão do aprendizado humano, um tempo tão curto assim não bastaria. Desta forma, o conteúdo e a verdade "histórica" dos capítulos iniciais do Gênesis pareciam cada vez mais questionáveis. É digno de nota que, cem anos após o aparecimento d' *O Paraíso perdido* de Milton (1667), a produção de obras literárias e de trabalhos de exegese sobre o Paraíso rapidamente diminuiu.

Mas somente a pesquisa dos fósseis, que se estabeleceu por volta do final do século XVIII, gerou uma nova posição. Apontava-se para o fato de a Terra não poder ter apenas alguns milhares de anos e deduzia-se que a história da humanidade fosse muito mais longa do que se supunha. Quando, então, no século XIX, as teorias de Darwin pareciam comprovar que o homem teria aos poucos se desligado do mundo animal e nos seus primórdios não tivesse tido todos os dons naturais e não-naturais com os quais os teólogos o equipavam, a representação de um começo da história da humanidade no Jardim do Éden pareceu cada vez mais inverossímil. A existência feliz no Paraíso se tornou, de maneira propícia, um quadro da natureza benévola que cuidara com carinho dos primeiros seres humanos que ainda obedeciam a seus instintos.

Interpretações modernas

Na contemporaneidade, além dos teólogos, representantes de outras disciplinas também trabalharam com a história primitiva bíblica. As narrativas que davam a impressão de ser tão simplórias e primitivas que envolviam o ato de comer uma maçã no Jardim do Éden, a rivalidade dos irmãos Caim e Abel, o Dilúvio ou a Torre de Babel foram radiografadas por psicólogos e etnólogos, bem como por pesquisadores de mitos e fábulas, sob todos os aspectos possíveis. Alguns exemplos de resultados mais ou menos convincentes dessas reflexões serão apresentados aos olhos do leitor interessado.

A *proibição como instrumento da procura do Eu*

Especialmente interessante é a contribuição da psicologia das profundezas, que esclarece talvez por que a narrativa do Paraíso não perdeu a sua fascinação até os dias de hoje. Isso evidentemente repousa no fato de que essa narrativa fala, nos níveis do inconsciente ou do pré-consciente, de algumas das etapas importantes para a existência que cada ser humano vivenciou durante a sua tenra infância. Assim, o Paraíso poderia ser visto como um modelo para a situação de sonolência do recém-nascido que se sente protegido e seguro, em simbiose com a mãe. A proibição divina de comer de uma árvore corresponderia, então, numa fase posterior, às proibições dos pais freqüentemente incompreensíveis para a criança. Seus esforços de proteger sua descendência dos perigos do mundo e, às vezes, de assegurar-lhe uma infância feliz, para poupá-la do cansaço e das dores da existência adulta, seria um símbolo da assistência divina fornecida aos homens no jardim magnífico para poupá-los dos dissabores do mundo.

Contudo, como o primeiro casal humano, contudo, as crianças deveriam transpor em algum momento as fronteiras limitadas, para conduzir sua própria vida. O assim chamado pecado original não seria, por isso, nada mais do que uma fase prevista — e até aguardada — por Deus no processo de desenvolvimento que faz o ser humano ser o que deve ser de fato. Essas primeiras transgressões da proibição seriam, aliás, freqüentemente vivenciadas como culposas, o que é expresso na narrativa bíblica por meio da perplexidade do primeiro casal humano após comer do fruto proibido.

A *enigmática vestimenta humana de peles*

A narrativa poderia ainda aludir a um outro fenômeno do processo do desenvolvimento psíquico, a saber, o espanto, não raro até mesmo o horror, do jovem adolescente quando constata que em seu corpo — e principalmente nas suas partes mais íntimas — começam a nascer pêlos de repente. É possível que a passagem em que se diz que o próprio Deus fizera roupas de peles aos homens antes que fossem expulsos do Paraíso (Gn 3: 21) tenha alguma relação com isso. Essa estranha passagem da Bíblia proporcionou dificuldades aos intérpretes da Bíblia desde sempre. Aparece como repetição desnecessária de uma temática que já havia sido tratada quando o casal humano preparou para si "cintas de figueira" para cobrirem as ancas (Gn 3: 7). Além do mais, não traz nenhuma razão evidente sobre por que, dessa vez, Deus pessoalmente desempenha o papel de fabricante de roupas de peles (de animais que precisou matar?). Isso corresponderia, contudo, a certas tradições míticas segundo as quais os deuses ou os semideuses traziam aos homens as realizações das civilizações. Contradiz, contudo, a tendência clara do autor bíblico de atribuir aos próprios homens todos os progressos civilizatórios, a começar pela invenção da vestimenta, como ainda o fará na continuação da história primitiva bíblica com a origem da construção das cidades, com a arte da metalurgia, com a da criação dos instrumentos musicais ou a lagaragem do vinho.

O argumento aduzido freqüentemente ainda hoje, de que essa equipagem com uma proteção que cobrisse todo o corpo diante das intempéries devesse expressar a preocupação de Deus para com o homem decaído, é, antes de mais nada, insatisfatória. Alguns Doutores da Igreja gregos, influenciados pelo platonismo, entendem que a cobertura de peles de animais deveria concretizar o fato de que o homem tivesse sido criado inicialmente com um corpo "espiritual" e, apenas depois do pecado original, obtido aquele corpo "carnal" que sofre com as doenças, o envelhecimento e a morte. Segundo outros autores, Deus teria preparado para o homem, em sua expulsão, uma pele nova, mais "resistente ao tempo", para equipá-lo para a dura vida fora do Paraíso.

Poder-se-ia dar novas voltas ao pensamento e ousar a hipótese de que o texto, na verdade, quis dizer que o homem teria sido vestido por Deus como os animais com uma pele, isto é, com pêlos no corpo. Pensando assim não se trata de uma proteção com vestimenta externa, mas de uma nova fase na conformação corporal dos homens. Essa hipótese é bastante citada, pois exige um ato de criação divino especial, para o qual a palavra "fazer" poderia apontar, palavra esta que foi utilizada no primeiro capítulo do Gênesis nos atos de criação de Deus, por exemplo, no do firmamento ou no das estrelas.

Se isso está correto, estaríamos de novo diante de uma etiologia nessa obscura passagem bíblica, a qual esclareceria por que ao homem, que vem ao mundo sem pêlos — diferente dos filhotes dos animais —, somente lhe nascem pêlos no início da puberdade. Por meio de tal interpretação, a narrativa da criação do homem obteria, segundo alguns psicólogos do inconsciente, sua real conclusão, pois o jovem casal humano, até então sem pêlos no corpo, passaria a carregar as características do ser humano completamente adulto, ou seja, amadurecido para o sexo. Equipado com uma "cobertura de pêlos", estaria em estreita correlação de conteúdo com as palavras de Adão, que imediatamente precedem à passagem, nas quais emerge, pela primeira vez, o tema da reprodução da raça humana: "E deu o homem o nome de Eva [= vida] à sua mulher, por ser a mãe de todos os viventes" (Gn 3: 20).

As razões para a maldade da serpente

Se se supõe — como faz a moderna ciência bíblica — que o Gênesis ainda não identifica a serpente com Satanás, então deve haver uma razão para seu comportamento malévolo para com o homem. Essa razão só pode estar na existência misteriosa que lhe é conferida nos mitos e lendas desde sempre. Vê-se no animal sinistro, que habita em buracos sombrios e fendas de rochas, um produto imediato da mãe-terra, que possuía forças especiais e capacidades para intervir nos assuntos humanos. Associado a isso, está também o dom da fala, razão pela qual muitos locais de oráculos eram originalmente atribuídos a uma serpente, como o oráculo grego de Delfos o era ao dragão antediluviano Píton e, por isso, a vidente de lá era chamada de pítia. Essa capacidade de falar poderia esclarecer o tema fabuloso de um animal falante, que é estranho em outras passagens da Bíblia e, fora da narrativa do Paraíso, somente reaparece como efeito-surpresa irônico na história do jumento de Balaão (Nm 22: 22-35).

De fato, a atitude do homem para com a serpente é até hoje ambivalente. Unifica em si os sentidos mais variados e mais contraditórios. Assim, ela aparece no Egito não só como protetora do rei e como divindade da cura, mas também como incorporação do Mal primitivo. Na Antiguidade havia tradições de seu caráter salvador, que a faziam uma sábia interlocutora do homem. Alguns autores, entre eles Plínio, relacionavam-na com a vida eterna, a qual se tornou atributo do deus da cura Asclépio, como símbolo de uma longa vida e de forças curadoras. Até hoje os médicos e farmacêuticos usam a serpente de Asclépio como sinal de seu trabalho. Por outro lado, são proverbiais o perigo e a perfídia da serpente. Assim, vemo-la semeando desconfiança numa fábula de Esopo, para destruir uma amizade.

Uma vez que antigos mitos e fábulas narram sobre uma rivalidade entre homem e animal, imagina-se hoje por qual razão exatamente a serpente foi apropriada ao narrador bíblico para enganar a mulher: movida por seu desejo de imortalidade, ela teria agido com ciúmes e inveja da posição privilegiada do ser humano, que tinha a possibilidade de comer da Árvore da Vida no Paraíso e, dessa forma, tornar-se eterno. Por meio dessa interpretação, diz-se que inveja e ciúmes têm um papel decisivo como fonte dos maus atos também em outras narrativas do Gênesis, como no assassinato de Abel por seu irmão Caim, no engodo do pai pela primogenitura na história de Jacó e no ódio dos irmãos pela preferência do pai na história de José.

Nova luz sobre o "conhecimento do Bem e do Mal"

A consciência popular se aferra particularmente, de maneira teimosa, à imaginação de que o conhecimento do Bem e do Mal trata da experiência da sexualidade, ou seja, daquele campo que desperta a curiosidade das crianças de todos os tempos que é a questão de onde vieram. Segundo os psicólogos, uma das razões para isso deve repousar nas associações que se instalam pelo aspecto da serpente. Quando se levanta para o bote, pensa-se involuntariamente na ereção do órgão sexual masculino, e seu corpo tubular lembraria ainda o interior da vagina. De forma geral, ela valeria, por isso, como arquétipo da sexualidade.

Alguns pesquisadores de mitos remetem para o fato de que na própria Bíblia se encontrariam pontos de referência para uma interpretação sexual do conhecimento do Bem e do Mal. Numa passagem, as crianças pequenas são caracterizadas como não sabendo "distinguir entre o bem e o mal" (Dt 1: 39) e numa outra passagem fala um octogenário, que não pode mais gozar da alegria da vida: "poderia eu discernir entre o bom e o mau?" (2 Sm 19: 35), assim como hoje ainda se diz nos países de língua alemã, especialmente em relação a pessoas idosas, que "já estão para lá do Bem e do Mal".

A partir daí esses pesquisadores tentaram reconstruir o mito do qual supostamente se teria inspirado o autor da narrativa bíblica do Paraíso. A mandrágora, cujas raízes têm a forma de um homenzinho, muitas vezes inclusive com os órgãos sexuais, razão pela qual os frutos eram tidos como afrodisíacos na Antiguidade, tem um papel importante nisso. Os deuses queriam ter impedido — assim dizia o mito originalmente — que o primeiro casal humano se tornasse igual a eles por meio da possibilidade de reprodução, isto é, a criação de novos seres vivos. Assim, teriam proibido o casal, que ainda não conhecia o prazer sexual, de comer dos frutos da mandrágora. Na forma de serpente, uma das divindades teria, porém, revelado ao ser humano que, por meio da ingestão dos frutos proibidos, teriam relações sexuais e poderiam, assim, reproduzir-se.

Esse mito antiqüíssimo teria sido retrabalhado pelo autor bíblico — assim continua a argumentação —, que substituiu a mandrágora pela Árvore do Conhecimento do Bem e do Mal e, com isso, o tema da violação de um tabu sexual está em segundo plano em relação ao tema da obediência incondicional para com um pedido divino. Na redação final do texto bíblico, que se realizou depois da deportação para o exílio na Babilônia, um dos objetivos teria sido advertir o povo da desobediência para com o pedido de Deus a fim de evitar uma repetição de uma catástrofe desse tipo.

Contudo, os pesquisadores de mitos deixam em aberto por que foi conservada a expressão "conhecimento do Bem e do Mal" na narrativa bíblica. A formulação parece de fato um corpo estranho, como mostram as dificuldades que sua interpretação ofereceu desde sempre. Os comentadores precisaram, por conseguinte, levar em consideração o fato de que o conhecimento, em muitas outras passagens da Bíblia, não é visto de modo algum como uma capacidade que não se encontre no homem. Pelo contrário, a "sabedoria"— uma expressão que em hebraico também inclui o conhecimento das coisas naturais — é louvada toda hora como um objetivo anelado de valor inestimável.

Se não se quer supor um descuido do narrador bíblico, uma outra explicação precisa ser tentada para a fórmula "conhecimento do Bem e do Mal". Poderia ser que, com isso, se quisesse fazer referência, de fato, ao mistério da reprodução, que se revelava ao primeiro casal humano apenas após a transgressão da proibição divina, porém como uma futura possibilidade. Nesse ponto, a versão popular que supunha desde sempre uma correlação entre pecado original e sexualidade humana não seria de todo incorreta. Deve, porém, ser vista como errada se a transgressão em si for entendida como uma prática de relação sexual proibida por Deus, pois, diante da atitude positiva do judaísmo para com o matrimônio e com a sexualidade é bastante improvável que o narrador tivesse pensado, quando do ato da desobediência perante Deus, em um delito desse tipo. De forma inequívoca, o texto bíblico adia também o encontro sexual dos pais primevos para o tempo após seu delito. Relata-o apenas na nomeação da mulher como "mãe dos viventes" e na concepção de Caim que se sucede somente após a expulsão do Paraíso (Gn 3: 20 e 4: 1).

Um pecado original desejado por Deus?

Muitos dos intérpretes modernos especulam também sobre o papel que Deus desempenha no drama da expulsão do Jardim do Éden. Perguntam-se se ele não tinha armado todas as circunstâncias do Paraíso de modo que o casal humano tivesse, com certeza, de sucumbir forçosamente à tentação.

Para isso, tomam como base a argumentação que o narrador bíblico atribuíra ao primeiro casal humano, no interrogatório por Deus. Alguns deles vão mais longe, vendo nas respostas um ato de rebelião contra a arbitrariedade de Deus, o que dá ao primeiro casal humano inclusive traços "prometéicos". Assim, não teria sido uma desculpa deslavada quando a mulher apresentou, em sua defesa, que um dos seres "criados por Deus" a tivesse seduzido a transgredir o pedido divino. Pelo contrário, ela teria acusado Deus de cumplicidade no acontecimento, assim como o homem, quando ele remeteu para o fato de que apenas tinha obedecido à criatura que lhe foi associada pelo próprio Deus como "auxiliadora".

Fica em suspenso até que ponto essa interpretação consegue convencer. Mais sério é o argumento que toma em consideração todo o transcorrer da ação no episódio. Depois disso Deus teria ficado num dilema: por um lado, precisaria de alguém para o cultivo da terra, pois "não havia homem para lavrar o solo", como se observa expressamente no início de toda a narrativa (Gn 2: 5), mas, por outro lado, queria poupar o homem do cansaço associado a isso; então deixou que ele, por si mesmo, fizesse a escolha. Com isso, a narrativa bíblica do Paraíso adquiriria uma ironia surpreendente: Deus conseguiria, no final, exatamente aquilo que desejava desde o início, enviando Adão para fora do jardim "a fim de lavrar a terra de que fora tomado" (Gn 3: 23). Deus teria remediado, pois, aquela falta ligada à terra antes de ter trazido o homem para lá, distinguindo sua tarefa como "cultivador" da terra, de forma simbólica por meio da agricultura.

* * *

O que quer que se possa reter pormenorizadamente de todas essas reflexões não será, de antemão, inútil para aproximar um texto provindo de uma época muito antiga ao horizonte atual de problemas, pois a riqueza de testemunhos de que são capazes os textos antigos depende de sua qualidade literária. Se se trata de uma obra de alta qualidade, a interpretação pode descobrir novos aspectos em todas as épocas, que permaneciam ainda escondidos no consciente do autor ou dos comentadores antigos.

O Paraíso futuro

O AUTOR (OU O REDATOR), que editou a versão final do Gênesis — por volta do ano 400 a.C. —, era evidentemente da opinião de que o acesso ao Jardim do Éden tinha sido para sempre impedido. Ainda mais surpreendentes são as palavras de Jesus ao malfeitor crucificado com ele: "hoje estarás comigo no Paraíso" (Lc 23: 43). Elas testemunham a esperança acalentada no judaísmo nos últimos séculos antes de Cristo, de que os mortos piedosos morariam próximo de Deus no Paraíso ou, como se diria hoje, no Céu. Foi, como agora será demonstrado, o resultado de um complexo desenvolvimento, o qual integrou as representações de outras religiões e culturas no mundo bíblico da fé.

Paisagens do Além fora da Tradição Bíblica

DESDE OS TEMPOS MAIS ANTIGOS e em quase todas as partes do mundo existe a convicção de que o homem continuará existindo de alguma forma após sua morte. Isso se expressa por meio dos rituais de enterro e da alta consideração para com os túmulos ou do trato com os restos mortais no caso de cremação, mas também dos adornos tumulares e a preocupação com a alimentação dos falecidos. Embora nem sempre houvesse representações claras de onde moram os mortos, pensou-se, contudo, que eles permanecessem ligados à sua tribo ou ao seu clã. Essa a razão do esforço para se garantir o bem-estar dos vivos por meio de rituais de memória aos ancestrais.

A este culto aos ancestrais associava-se muitas vezes, mas não necessariamente, a representação de uma "terra dos mortos", imaginada abaixo ou acima da terra habitável. Às vezes se dizia também simplesmente: "acima do grande rio" ou "atrás da alta montanha". Nesse último caso, as formas de vida e as estruturas sociais eram na maior parte parecidas com as que o morto tinha deixado. Exemplo clássico disso são os "eternos campos de caça" conhecidos a partir das histórias de índios de nossa infância. Os indígenas acreditavam que o morto — depois de escalar uma montanha íngreme com pequeno ou grande esforço, conforme, respectivamente, suas boas ou más ações — chegaria a um planalto onde abelhas zumbiam sobre flores coloridas e o cantar de pássaros enchia o ar. Os parentes e os amigos já mortos vinham apressadamente para cumprimentá-lo, saindo de tendas novas que tinham armado às margens de um rio de águas correntes e translúcidas. Então começaria uma vida magnífica sem sofrimento e sem cansaço. Búfalos e veados poderiam ser caçados e comidos à vontade, mas eram imortais como os homens, pois voltavam a pular alegres como antes após a refeição.

Freqüentemente a morada dos mortos era situada também em um mundo inferior sombrio. Nas culturas mediterrâneas e do Leste europeu, também entre os celtas e os germanos, era essa a representação mais corrente. A palavra alemã *Hölle* ("inferno") para a terra dos mortos dominada pela deusa Hel vem da denominação *halja* ou *hell(i)a*, do antigo alto-alemão, aparentada com o verbo *"hehlen"* (esconder). Esse mundo inferior não era uma terra de recompensa ou de punição. Os mortos permaneciam ali sem tormentos, mas também sem alegrias. Tinham os contornos dos vivos, mas não viviam realmente: existiam sem forças e mudos como meras sombras. A única possibilidade de um futuro pessoal além da morte era a sobrevivência nos descendentes, principalmente na fama póstuma.

Os Elísios e as Ilhas dos Bem-aventurados

Desde sempre se acreditou que as pessoas pagariam por todas as ações, mas a recompensa ou um castigo por um bom ou mau comportamento somente era imaginável no âmbito da vida terrena, e se nem sempre no destino do indivíduo, pelo menos no de seus descendentes. A existência na casa subterrânea do Hades, onde os mortos continuavam existindo como sombras, era, em contrapartida, igual para todos. Houve uma exceção inicialmente apenas para os preferidos dos deuses, que eram arrebatados para um local de bem-aventurados. Sobre isso testemunham ao menos dois textos clássicos: na *Odisséia* de Homero, Menelau, marido de Helena, vaticina que ele não deveria seguir o destino dos mortos costumeiros, mas como genro de Zeus, de cuja ligação com Leda nascera Helena: "para as campinas do Elísio (*Elysion pedíon*), limite da terra, te enviam os imortais... onde a existência decorre feliz para todos os homens... de contínuo o sopro de Zéfiro de ruído sonoro manda o oceano, que os homens com branda bafagem refresque" (IV: 561-9). De forma semelhante, segundo Hesíodo, os heróis do período homérico, quando não caíam no campo de batalha, teriam sido mandados por Zeus aos limites da Terra, para as "Ilhas dos Bem-aventurados [*makáron nesoi*], junto ao oceano profundo" onde "heróis afortunados, a quem doce fruto traz três vezes ao ano a terra nutriz" (Trab.: 166-72). Dispostas do outro lado do pôr-do-sol no Ocidente exterior, essas ilhas localizavam-se diferentemente da mansão dos mortos sob a terra e do âmbito dos deuses, acima da terra. Ficavam em alguma parte do Oceano Atlântico, talvez por razão de um vago conhecimento sobre as Ilhas Canárias, que hoje, devido a sua eterna primavera, são oferecidas pela indústria do turismo como destino para uma agradável passagem do inverno.

Pensou-se talvez com os Elísios o mesmo que com as Ilhas dos Bem-aventurados. Enéias chega, em sua viagem aos infernos, "aos ledos sítios e vergéis amenos/... dos bosques fortunados/ e moradas da bem-aventurança./ Aqui o éter mais puro se dilata/ e da purpúrea luz os campos veste;/ e também tem seu sol, suas estrelas./ Em gramíneas palestras uns se exercem,/ brincam e lutam sobre a fulva areia;/ a terra com o ligeiro pé tocando,/ outros formam coréias, cantam versos/.../ Vê outros em banquetes e entoando/ alguns em coro cânticos alegres [literalmente, peãs] / entre um fragrante bosque de loureiros,/ donde o Erídano rio [rio mítico do Ocidente distante] pela selva/ volve às regiões supernas caudaloso" (Virgílio — Eneida, VI: 637-59).

Somente a partir da metade do século I a.C. se divulgou entre os gregos o pensamento de um lugar especial para os "preferidos dos deuses" e outro para os "inimigos dos deuses", extensivo para todos os mortos. Primeiramente equiparou-se o destino dos mortos em campo de batalha em honra da pátria àquele dos heróis de tempos remotos. A partir de então, disseminou-se cada vez mais também a representação de que o destino dos mortais comuns depois da morte não poderia ser o mesmo para os fiéis e para os inescrupulosos. Supostamente sob uma influência egípcia ou persa surgiu a representação de um julgamento dos mortos que determinava sua estada, conforme suas boas ou más ações, respectivamente quer nos Campos Elísios ou nas Ilhas dos Bem-aventurados, quer no Tártaro, um lugar profundo, abaixo do mundo inferior do Hades,

13. *Julgamento dos mortos: Anúbis faz os mortos entrarem.*
Trecho do *Livro dos mortos* de Hunefer, reinado de Sethos I.

especialmente destinado à tortura dos destacados inimigos dos deuses. Às vezes imaginava-se também que o interior do Hades dispusesse de seções diferentemente graduadas, algumas com caráter paradisíaco, outras com características menos agradáveis.

Experiências com a luz nos cultos de mistério

Os antigos cultos de mistério ocuparam um espaço especial, uma vez que, além da proteção contra as atribulações desta vida, prometiam aos seus seguidores um melhor destino no Além do que o designado aos mortais comuns não-iniciados. Isso correspondia a uma necessidade que a religião popular não podia evidentemente satisfazer, pois não mostrava nenhum interesse especial em uma esperança por uma vida melhor no Além, e sua energia era toda voltada ao serviço da pólis, do bem-estar e da continuidade do Estado, da estirpe ou do povo, o que também é confirmado pelas representações da existência dos mortos como sombras. Os cultos de Dioniso e de Orfeu ou de Deméter em Elêusis, próximo a Atenas, objetivavam, em contrapartida, a participação numa existência feliz após a morte.

Embora infelizmente não saibamos nada muito exato sobre isso, todos esses mistérios tinham, porém, traços comuns. Para mostrar o caminho da salvação à alma humana, tornada pesada pelo corpo, praticavam-se rituais de iniciação, por exemplo, uma consagração em um "mistério" santificado. A importância residia não na proclamação dos escritos morais, mas nos ritos de purificação, os quais deviam conduzir os iniciados nas cerimônias litúrgicas da situação de criança (*nepios*) à de perfeito (*teleios*). O clímax era a participação do "mistério", que não consistia em dogmas, mas na narrativa de uma história santa, que, na maioria das vezes, tratava da morte e ressurreição da natureza ou de um deus.

Os cultos de mistério conduziam freqüentemente seus participantes a estados de êxtase, nos quais a alma olhava para as coisas na viagem à residência de seu deus, cujos conteúdos simbólicos parecem francamente paradisíacos. Um fragmento conservado do escrito *A alma humana*, de Plutarco (morto em 125 d.C.), compara a morte com a experiência que cabe ao iniciado quando vivencia a visão bem-aventurada depois da escuridão, do pavor, do tremor e do horror da iniciação: "a ele parece uma luz maravilhosa... locais e seres luminosos o recebem, onde para a veneração se apresentam sons e danças ofertadas, canções sacras e peças celestiais. Nelas passeia o então perfeito, livre e solto, e vagueia, coroado na comunidade dos homens santos e puros...".

O céu como "casa repleta de luz do hino de louvor"

Por meio do persa Zaratustra (citado por Platão e por Plutarco como Zoroastro) surgiu por volta de meados do século I a.C. mais um novo elemento para as representações do Além na Antiguidade. A questão da continuidade da existência após a morte ampliou-se para um drama cósmico, que se instalou para os homens na perspectiva de uma luta entre os poderes do Bem e do Mal.

Sobre Zaratustra, cuja vida e obra se supõe entre 1200 e 600 a.C., temos apenas informações imprecisas. Deve ter sido um extático ou um visionário, visto que é dito que foi conduzido por um ser de luz para o céu, onde o único deus Ahuramazda ("o sábio senhor") se lhe revelou. Estava rodeado de "poderes", seis ao todo, que então concederam a Zaratustra, em muitas conversas, os segredos do mundo sobrenatural. Reconheceu a história do mundo como a luta de dois reinos, um de luz pura, dominado por Ahuramazda, e um mundo de escuridão, dominado por Ahriman ("o mal-intencionado"), a quem pertencia tudo de pernicioso, perverso e impuro. Conheceu as muitas essências espirituais boas e más que se esforçam para conduzir o homem a seus respectivos reinos. Soube que o indivíduo é livre para decidir entre estes ou aqueles poderes e que, depois de sua morte, será submetido a um julgamento.

Nesse julgamento, que se passa em duas fases, o morto é posto em uma balança próximo a uma sentença; nela se pesam os bons pensamentos, palavras e atos de sua vida perante os maus. Caso o bem prepondere, a alma consegue atravessar a "ponte do julgamento" (*cinvant*), conduzido por meio de sua consciência, na forma de uma bela moça. Mas, pelo contrário, se o mal preponderar, então é uma velha feia que o conduz à ponte, que, no seu caminhar, se estreita cada vez mais, de modo que a alma despenca num abismo profundo e sujo. A segunda fase ocorrerá, então, no final dos tempos, quando Ahuramazda sairá vitorioso de sua última luta entre o Bem e o Mal e por meio de um salvador/redentor trará uma era definitiva de alegria e felicidade, que perdurará por toda a eternidade. Somente então ocorrerá uma ressurreição dos mortos e o Juízo Final que enviará os ressuscitados ao céu ou ao inferno, dependendo de como viveram.

O notável do ensinamento de Zaratustra é que as almas dos mortos, diferentemente do das religiões mais antigas do Oriente Próximo e da Grécia, não descem a um mundo inferior escuro, mas, se viveram corretamente, "sobem aos céus", para a "casa repleta de luz do hino de louvor", onde Ahuramazda lhes concede "salvação e imortalidade em seu reino" — um pensamento que provavelmente também inspirou os pitagóricos e Platão.

Mitos celestes filosóficos

Na Antiguidade greco-latina, o Além, desde meados do século I a.C., se desloca cada vez mais para o âmbito dos astros que se representavam como seres animados, compostos de uma matéria "etérea" infinitamente delicada, clara e brilhante. Uma primeira prova disso se encontra no poema didático de Parmênides (cerca de 500 a.C.), que descreve como o filósofo foi ao encontro da luz sobre o carro de sol de Hélios e lá no alto recebeu das mãos da deusa da justiça uma revelação sobre a verdade do ser. De forma semelhante, Platão utilizou a imagem da visão das idéias eternas que estão localizadas num plano além do mundo tangível dos sentidos. Outros autores gregos seguem esses modelos até o romano Cícero, que, no *Sonho de Cipião*, faz seu herói viajar pelos astros, onde recebe de seu avô instruções sobre a vida correta.

Quando, em sua filosofia, Platão tratava da recompensa pela vida correta, aproveitava-se muitas vezes de mitos sobre o destino das almas no Além. Era inteiramente consciente disso e dizia também expressamente que a fala mítica não tinha, por si, nenhuma força comprovativa, mas que a ela pode estar inerente uma autenticidade interna. Enquanto no diálogo *Górgias* a recompensa por uma boa vida é morar nas Ilhas dos Bem-aventurados, Platão percorre, em outros escritos, os símbolos tradicionais antigos. No diálogo *Fédon* fala de uma "morada pura" para os bons homens, em cujos santuários moram não mais as imagens dos deuses, mas os deuses em pessoa, de modo que se realiza um verdadeiro convívio entre homens e deuses. Sobre a natureza desse local, Platão se manifesta mais precisamente no diálogo *Fedro*. Conforme ele, há sobre o céu material no qual moram os deuses, mais um local espiritual onde as idéias existem. Em passeios esporádicos, os bem-aventurados atingem esse lugar também no cortejo dos deuses, onde podem ver a verdade, embora apenas de modo fragmentário.

Na sua obra-prima, a *República*, Platão narra sobre um outro mito. Um guerreiro de nome Er, que teria sido reconduzido da morte à vida, relata o que teria vivenciado no Além: Er chegou a um lugar onde as almas dos mortos se encontravam novamente, antes de serem mandados então de volta para uma nova vida e depois de terem caminhado por mil anos, quer pelos infernos, quer pelo céu, conforme seus atos passados. Ao trocar suas experiências, os que puderam perambular pelo céu teriam falado "de prazeres deliciosos e de visões de extraordinário esplendor" e teriam chegado "a um lugar de onde se via uma luz direita como uma coluna estendendo-se desde o alto..., muito semelhante ao arco-íris mas ainda mais brilhante e mais pura".

Nirvana e "Terra Pura"

Pitágoras e outros pensadores gregos mais antigos já tinham representado o ensinamento da metempsicose. Platão viu nela um caminho para a purificação moral, uma vez que lhe parecia impensável uma ascensão da alma ao domínio divino sem uma devida penitência de todos os seus delitos e sem o desprendimento de todos os desejos desordenados: o cobiçoso, por exemplo, renasceria como lobo ou como abutre; o íntegro, como formiga ou abelha e por fim como ser humano. Somente quem se provou honesto três vezes numa existência humana, tendo vivido de maneira moderada e como amigo da sabedoria, pode finalmente ser redimido por força da reencarnação (*Fédon*, 81e; *Fedro*, 249a).

14. *O buda Amitabha sobre o trono de pavão.*

Pode-se supor que se fazem notar nos gregos influências da religiosidade e da filosofia indianas. O hinduísmo ensina, das formas mais variadas, uma constante seqüência de reencarnações em diversos níveis do mundo aparente. Enquanto as almas estiverem envolvidas no desejo pelo mundo, continuam renascendo de maneira nova no mundo dos animais e dos homens e até nos céus e nos infernos. A reencarnação num plano superior e inferior depende da lei moral do "karma", segundo a qual boas ações atraem para si conseqüências positivas e más ações, negativas, que atuam necessariamente nesta vida ou numa posterior.

O círculo infinito de renascimentos é visto, no entanto, como um mecanismo impiedoso do qual se gostaria de escapar. Quem renasce como homem recebe a chance disso. Pode, por meio de uma rígida ascese e de boas ações, adiantar-se no caminho da libertação para, finalmente, atingir a redenção definitiva do Nirvana após algumas reencarnações como homem cada vez mais perfeito. Nirvana (do sânscrito *nir* = não e *va* = soprar) significa no budismo a extinção de todo desejo e de todos os sofrimentos e desejos. Não é um lugar, pelo contrário, é uma situação. Visto que o budismo não reconhece nenhum indivíduo perpetuado como alma, o Nirvana significa para algumas correntes pura e simplesmente o aniquilamento; por outros é descrito, entretanto, de forma positiva, como a experiência da verdade, calma, pureza e bem-aventurança, nisto não diferente da mística cristã. A necessidade das reencarnações termina também para quem atinge essa situação. Um conceito parecido no hinduísmo é *moksha* (do sânscrito "libertação"), que define a união com Deus e com o absoluto.

Segundo uma vertente do budismo, que remonta aos séculos IV-V d.C., há, no Além, o reino de Buda Amitabha ou Amida, que carrega traços paradisíacos. Segundo a tradição, Amida foi um rei que primeiramente foi monge e depois, por meio de boas ações e de serviços aos seus próximos, tornou-se um buda. Com pena dos homens, criou uma "terra pura", que possui a perfeição de todos os países do mundo. A invocação de Amida no momento da morte afasta todas as seqüências negativas do karma e proporciona a reencarnação naquela terra pura. Muitos textos a descrevem como estando no Ocidente, sem doenças e sofrimentos. Seria ornada com árvores cobertas de pedras preciosas, tanques de lótus, terraços e sinos tocando; o canto de pássaros maravilhosos e os acordes dos músicos produzem melodias harmoniosas que se transformam em ensinamentos de Buda ao chegarem aos ouvidos. A estada nessa terra pura e livre de todas as más influências possibilita àqueles que lá conseguiram chegar, entrar mais rapidamente e de maneira mais fácil no Nirvana.

ESPERANÇAS DE FUTURO ENTRE OS JUDEUS

MUITOS LEITORES devem estar surpresos com o fato de que a Bíblia hebraica, o Antigo Testamento, originalmente não conhecia nem uma ressurreição dos mortos nem um mundo de salvação no além-túmulo, expectativas que desempenharam, mais tarde, um papel bastante grande na tradição judaico-cristã. Ainda no tempo dos reis israelitas e judaicos, ou seja, até a metade do primeiro milênio antes de Cristo, imagina-se a morte como um movimento de descida ao mundo subterrâneo, onde os mortos apenas existiam como sombras. E para o futuro do povo de Israel se confiava, nos tempos de necessidade, na ajuda de Deus, mas apenas com sua intervenção dirigente para a defesa dos inimigos e reconstituição da paz e do bem-estar. Só depois da grande interrupção na história do povo judaico, a destruição de Jerusalém pelo rei da Babilônia, Nabucodonosor, no ano de 587 a.C. e a deportação de grande parte da elite para o exílio na Babilônia, surgiram novas representações.

O retorno às condições paradisíacas

De maneira admirável se encontram nos profetas bíblicos visões de uma maravilhosa reconstrução feita por Deus da terra devastada nas guerras, nas quais surgem lembranças do Paraíso inicial: "dirse-á: esta terra desolada ficou como Jardim do Éden" (Ez 36: 35) ou "o Senhor tem piedade de Sião; terá piedade de todos os lugares assolados dela, e fará o seu deserto como o Éden, e a sua solidão como o jardim do Senhor" (Is 51: 3). Como nestas palavras de Isaías o tema do Jardim do Éden foi freqüentemente ligado ao tema de uma elevação de Sião/Jerusalém no final dos tempos e, dessa forma, a Cidade Santa — ao contrário de suas condições reais geográficas — se transformaria numa paisagem florida, na qual abundariam grandes quantidades de água e crescem frutos saborosos: "naquele dia também sucederá que correrão de Jerusalém águas vivas, metade delas para o mar oriental, e a outra metade até o mar ocidental; no verão e no inverno sucederá isso. O senhor será rei sobre toda a terra" (Zc 14: 8-9); e, de maneira semelhante, "Sabereis assim que eu sou o Senhor vosso Deus, que habito em Sião, meu santo monte... e há de ser que, naquele dia, os montes destilarão mosto, e os outeiros manarão leite, e todos os rios de Judá estarão cheios de águas; sairá uma fonte da casa do Senhor, e regará o vale de Sitim [o vale do Jordão]" (Jl 3: 17-18).

Um exemplo bastante impressionante é a grande visão do profeta Ezequiel que anuncia, no exílio da Babilônia, a reconstrução do povo de Israel na Palestina com o templo de Jerusalém como centro (Ez 40-48). No começo do texto diz: "em visões de Deus me levou à terra de Israel, e me pôs sobre um monte muito alto; sobre este havia um como edifício de cidade para a banda do sul..." (Ez 40: 2). Depois de uma longa descrição do novo templo que lhe é explicada por um homem angelical (Ez 40-46), continua o profeta: "Depois disso me fez voltar à entrada do templo, e eis que saíam águas debaixo do limiar do templo, para o oriente... ele me levou pela porta do norte... e eis que corriam as águas ao lado direito" (Ez 47: 1-2). Conduzido pelo anjo, o profeta continua caminhando pela água, que inicialmente lhe cobria os tornozelos, depois lhe chegava até os joelhos e então até a cintura e, finalmente, se torna um poderoso rio que afluía nas valas do Jordão e lá transforma o até então hostil Mar Morto em águas piscosas. Com uma menção à paradisíaca Árvore da Vida termina a visão: "junto ao rio, às ribanceiras, de uma e de outra banda, nascerá toda a sorte, que dá fruto para se comer; não fenecerá a sua folha, nem faltará o seu fruto; nos meus meses produzirá novos frutos, porque as suas águas saem do santuário; o seu fruto servirá de alimento e a sua folha de remédio" (Ez 47: 12).

As alusões dos profetas do tempo do exílio a uma volta do Paraíso original queriam supostamente apenas anunciar, com tratamento muito poético, a reconstrução e a renovação do reino terreno de Davi. Já se pode reconhecer certos traços que são típicos da rica literatura do judaísmo nos séculos seguintes.

Os escritos visionários dos apocalípticos

O reino babilônico foi conquistado pelos persas no ano de 539 a.C., meio século, portanto, após a destruição de Jerusalém. Os persas foram amigáveis aos judeus. Os deportados receberam a permissão de retornar para casa, uma parte deles voltou para a Judéia, enquanto muitos permaneceram na Mesopotâmia. Por dois séculos ambos os grupos se tornaram, porém, súditos do reino persa, que se estendia do Indo ao Mediterrâneo, até Alexandre, o Grande, ter submetido os persas e dividido o reino — após sua morte no ano de 323 a.C. — sob seus generais, os Diádocos (= sucessores). A própria Judéia ficou inicialmente por um século sob o domínio dos Ptolomeus gregos que regiam o Egito, até que, por volta do ano 200, se submeteu aos selêucidas, igualmente gregos, que dominavam o Oriente Próximo.

Nesse longo espaço de tempo de encontro entre a cultura persa e grega helenística, os judeus entraram em contato com novas formas de religiosidade, entre as quais evidentemente também com os ensinamentos do persa Zaratustra. Isso teve pouco efeito sobre as obras básicas da Bíblia hebraica, que obteve, ainda no período persa, sua forma definitiva, mas se manifestou em muitas declarações dos tardios livros dos profetas, sobretudo nos inúmeros escritos judaicos que apareceram nos séculos antes de Cristo.

Dentro dessa rica literatura se desenvolveu sobretudo o gênero dos assim chamados apocalipses. Eram, de maneira geral, o resultado de tribulações ruins que irromperam sobre o povo judeu no século II a.C. Pois enquanto os judeus podiam aproveitar, até então, da tolerância religiosa básica no reino persa e nos reinos helenísticos dos diádocos, entraram em conflito quando o rei selêucida Antíoco (175-164 a.C.) saqueou o templo de Jerusalém e tentou introduzir lá, com violência, cultos pagãos. A isso se opuseram muitos judeus até o martírio, outros iniciaram, com seu chefe Judas Macabeu, a luta de guerrilha. Ao mesmo tempo desenvolveu-se, nessa época, uma rigorosa oposição à cultura religiosa e política do helenismo, que, por meio de seus escritos, deveria exercer grande influência sobre as gerações subseqüentes.

A denominação de "apocalipses" vem da palavra grega *apokalyptein* (manifestar/revelar), porque nessas obras as coisas ocultas do passado eram compartilhadas, e os acontecimentos futuros, previstos. Segundo um costume freqüente da época, os autores, que permaneciam anônimos, punham sua revelação na boca de grandes figuras de um passado distante: ao lado de Daniel, também Adão, Enoque, Abraão, Moisés, Elias e outros.

Típicas desses escritos são visões ditas de forma obscura, cujas imagens simbólicas são interpretadas freqüentemente por um anjo ou por sua voz. Ao lado de detalhes pormenorizados sobre o mundo

15. *Cofre dos macabeus* em St. Andreas, Colônia/Alemanha, 1504-31.

dos anjos bons e maus sabem, sobretudo, narrar os acontecimentos que estão por vir num final dos tempos próximo, no qual a sucessão dos reinos terrestres encontrará seu fim com o irromper do reino celestial. Os apocalípticos, porém, tocam menos na questão de o que ocorrerá a cada indivíduo após a morte. Seu principal interesse é o mundo futuro, um Novo Éon, que é nitidamente diferente do atual. Viam as perseguições, às quais estavam expostos, como parte da luta da história universal entre Deus e Satã que terminaria, porém, "nos últimos tempos", com a vitória do Bem sobre o Mal. Confiavam no fato de que Deus, para não tornar vãs as suas promessas, não abandonaria à morte os "seus", que já tinham morrido na aflição das perseguições, mas os ressuscitaria no irromper do final dos tempos.

A representação de um pagamento individual pelos bons e maus atos fez com que, desde então, um mundo inferior triste se convertesse num inferno cheio de suplícios, e o céu, numa morada dos justos com traços paradisíacos. Até que ponto isso se deve à influência persa ou a um desenvolvimento progressivo de princípios bíblicos, não é possível responder. Muitos dos detalhes do ensinamento original de Zaratustra que conhecemos vieram de textos redigidos somente entre o século III a.C. e o IX d.C., razão pela qual uma influência mútua não deve ser descartada. Também a fé na ressurreição dos mortos e numa nova era, que substituiria o éon atual de pecados e da morte, criou uma nova religião.

Os escritos judaicos daquele tempo não entraram, com exceção do livro de Daniel, na Bíblia hebraica. No entanto, cunharam o judaísmo, mas sobretudo o cristianismo, de forma decisiva. No Novo Testamento contam-se por volta de quatrocentas passagens que se referem a essa literatura extrabíblica, e o teólogo protestante Ernst Käsemann propôs num artigo publicado em 1960 até mesmo a tese de que a Apocalíptica fosse "a mãe de toda a teologia cristã".

O Novo Éon

Nos escritos dos apocalípticos é, de fato, evidente uma nova compreensão de existência. Esperavam um novo Céu e uma nova Terra, conduzidos por um novo ato da criação de Deus, que iria substituir o que havia até então. O retorno do Paraíso no final dos tempos foi expressamente ligado ao pensamento da vida eterna, pois o Jardim do Éden se torna "Jardim dos Justos" (En. et. 60: 20), onde "todos os eleitos que vivem no jardim da vida" louvam a Deus juntamente com os anjos (En. et. 61: 12). Mais claramente, o futuro Paraíso é transplantado, num outro texto, para o éon do Outro Mundo. Depois de uma lembrança do ato de criação divino no início do mundo, quando Deus estabeleceu as estações, anos, meses e horas "para que o homem considerasse a sua morte", diz-se, em seguida, "mas quando a criação feita pelo Senhor terminar e cada homem vier ao grande tribunal do Senhor, então passarão as estações. A partir de então já não haverá anos, meses e dias; também horas já não haverá a partir de então, nem se poderá contar com elas. Iniciará a infinita Idade do Mundo. E todos os justos se reunirão na grande Idade do Mundo e se tornarão eternos e não apodrecerão. A partir de então já não haverá fadiga neles, nem enfermidades nem sofrimento nem medo nem miséria nem noite nem escuridão, mas somente uma grande luz infinita e indestrutível. E o grande Paraíso lhes servirá de abrigo e de eterna morada. Já não padecerão as injustiças terrenas..." (En. esl. 65: 1-10).

Também um relato — no qual o pai primevo, Adão, conta para seu filho Set como, após a expulsão do Jardim do Éden, foi "arrebatado ao Paraíso dos Justos" durante certo tempo pelo arcanjo Miguel — transplanta abertamente o Paraíso para o âmbito transcendental, onde Deus se encontra. Adão cita o carro que, segundo uma visão do profeta Ezequiel (Ez 1), equivalia ao trono de Deus: "eis que veio a mim... o arcanjo Miguel, enviado por Deus. E eis que vi um carro como o vento e suas rodas eram de fogo... vi o Senhor sentado lá; seu aspecto era um fogo ardente insuportável e havia muitos anjos à esquerda e à direita do carro". Depois de ter orado a Deus, assim continua Adão: "Miguel, o arcanjo de Deus, tomou-me pela mão imediatamente e expulsou-me do Paraíso... Então Miguel tocou com uma vara a água que fluía em volta do Paraíso e a congelou. Atravessei-a, Miguel comigo: trouxe-me ao lugar de onde me arrebatara" (Vita 25-29).

O Paraíso nas viagens celestes

Enquanto as detalhadas descrições nos Livros dos Mortos dos egípcios sobre as diferentes divisões do mundo inferior, destinadas aos mortos segundo as suas boas ou más ações, surpreendentemente quase não haviam influenciado o Antigo Testamento, apesar do estreito contato entre ambas as culturas, o interesse pela topografia mais exata (descrição do terreno) do Outro Mundo começa a ser despertado alguns séculos antes de Cristo. A literatura apocalíptica é cheia de fantásticos relatos sobre as viagens celestes de alguns prediletos de Deus, nos quais se pinta com muitos detalhes seu caminho pelas diferentes regiões do céu que atravessaram em direção ao trono de Deus. Um exemplo concreto do gênero da viagem celeste se encontra na primeira parte de José e seus irmãos, na qual Thomas Mann, evidentemente influenciado pelos temas dos escritos apocalípticos, descreve um "sonho celeste" que conduz o jovem José pelo mundo afora e diante do trono de Deus.

Tais viagens foram atribuídas, por exemplo, ao misterioso Enoque, do qual fala a Bíblia, que teria sido "tomado por Deus" (Gn 5: 24) e também ao profeta Elias, que teria sido conduzido ao céu "num carro de fogo com cavalos de fogo num redemoinho" (2 Rs 2: 11). Existem relatos semelhantes sobre quase todas as grandes figuras do passado bíblico, como Adão e Abraão, os profetas Isaías e Sofonias ou Baruque, o discípulo Jeremias e sobretudo também o erudito Esdras, que reorganizou o culto no templo após o retorno dos judeus do exílio da Babilônia. Surpreendente nesses relatos é não descerem a um mundo subterrâneo, como Ulisses, Orfeu ou Enéias, mas, ao contrário, subirem ao território celeste. Como já citado, há paralelos com isso na literatura antiga, que também transpôs o além para o campo das estrelas, desde meados do século I a.C.

Mas a mais conhecida de todas as viagens celestes está nos diferentes relatos sobre o citado Enoque, que foram mantidos numa versão etíope e numa eslava. Segundo elas, em seu vôo acima da Terra, na companhia de um anjo, Enoque teria aprendido todos os segredos do Universo: os trajetos do Sol, da Lua e das estrelas, a origem do orvalho, da chuva e das estações. Viu também a morada dos espíritos celestes, o Jardim do Éden e as cavernas dentro das quais eram guardadas as almas dos mortos até o Juízo Final.

Numa descrição de sua viagem celeste (En. et. 26-32), Enoque vê o Paraíso no Oriente, do outro lado do mar da Eritréia (Mar Vermelho): "então vim ao Jardim dos Justos e olhei entre as árvores — árvores numerosas e grandes que crescem lá e eram cheirosas, grandes, muito belas e robustas — também a Árvore da Sabedoria, de cujo fruto os santos [anjos] comem e adquirem grande sabedoria. Essa árvore se compara, pela estatura, a um abeto; sua folhagem assemelha-se à alfarrobeira, seu fruto é muito bom como a uva e o aroma das árvores recende ao longe". Na versão eslava se diz: "Então ambos [os anjos] tomaram-me, levaram-me ao terceiro céu e puseram-me aqui no meio do Paraíso, num local maravilhoso. Cada árvore florescia graciosamente; cada fruto amadurecia, todos os tipos de alimento em quantidade transbordante com todas as fragrâncias. Quatro rios fluíam suavemente ali e toda planta era boa de se comer. E a Árvore da Vida estava lá, onde Deus repousa quando vai ao Paraíso, e esta árvore tem um odor maravilhoso. A outra árvore, ao lado, uma oliveira, fornecia azeite constantemente. Lá não há árvore infrutífera, cada árvore é abençoada. E os anjos que guardam o Paraíso são brilhantes e servem todos os dias ao Senhor cantando docemente de maneira ininterrupta. Eu disse: quão ameno é este local!" (En. esl. 8). Finalmente Enoque ainda é informado sobre o desígnio do Paraíso celeste: "Os dois homens me disseram: Enoque, este local é preparado para os justos que em sua vida padecem adversidades e são ofendidos e afastam seus olhos do Mal e exercem retamente a justiça... eles caminham diante da face de Deus e o servem sozinhos. Para esses este local é preparado como herança eterna" (En. esl. 9).

Ambos os livros de Enoque colocam o Paraíso no terceiro dos céus, que são ao todo sete. Num outro escrito, a árvore dos pecados de Adão é mostrada a Baruque por seu anjo condutor, igualmente no "terceiro céu" (Bar. gr. 4: 8). O Quarto Livro de Esdras relata algo parecido (VII: 88-101). Por trás disso reside a representação de que há no céu, por assim dizer, diferentes andares. Às vezes há também três ou até mesmo dez céus. De fato, a palavra hebraica para "céu", *shamayim*, é um plural e aparece traduzida nos textos bíblicos gregos quer no singular, *ouranos*, quer no plural, *ouranoi*.

Os justos ressuscitados no Paraíso celeste

O judaísmo daquele tempo entendia por "ressurreição" um redespertar dos mortos por meio de um ato especial de Deus, que reanimaria para a vida os homens em sua "carne", isto é, segundo a expressão lingüística da Bíblia, em sua totalidade de corpo e alma. Quando se diz de uma ressurreição das "almas" ou dos "espíritos", deve-se entender que as almas dos mortos que ali vegetavam sem força vital própria no Sheol, o mundo inferior, recuperarão suas forças corporais.

Essa fé não cresceu a partir de especulações curiosas sobre as circunstâncias da existência no pós-morte, mas da questão muito premente sobre a justiça divina: se Deus cumpriria sua promessa de um tempo de salvação vindouro para os fiéis já mortos, que, em vez de recompensa, tiveram de padecer sofrimentos e perseguições. Um exemplo típico disso é a narrativa sobre os sete irmãos e sua mãe que o rei Antíoco mandou torturar e matar porque se recusavam a comer carne de porco. Um dos irmãos dizia ao rei: "A nós é-nos melhor ser entregues à morte pelos homens, esperando firmemente em Deus, que de novo havemos de ser por ele ressuscitados; porque para ti não haverá ressurreição" (II Mac. 7: 14). A última frase na fala do rapaz supõe que os maus permaneceriam no mundo inferior, um ponto de vista que se encontra em outros textos apocalípticos. O mundo inferior era visto, no entanto, com freqüência como um lugar de punição e representado, correspondentemente, de maneira horrível.

A maioria dos escritos daquele tempo esperava que a ressurreição comum dos bons como também dos maus ocorreria no final dos tempos. Em vários se prevê, conseqüentemente, um julgamento especial no qual se decidiria o futuro destino de cada um imediatamente após sua morte. Nesse caso, o Paraíso localizado nos céus — na maioria, em um dos céus — desempenha um papel especial: torna-se a morada provisória dos fiéis entre sua morte e o Juízo Final, e o lugar dos que lá moram é delimitado de maneira diferente. Ao lado desses, são nomeados como moradores os que foram "arrebatados" sem terem morrido, como Enoque e Elias, no fim de suas vidas, e, além deles, também ainda alguns justos, em especial Moisés e os patriarcas Abraão, Isaac e Jacó. Na maior parte das vezes se supõe que todos os justos de Israel no final dos tempos chegaram ali; às vezes os justos de outros povos são também incluídos.

O livro de Daniel

Na própria Bíblia o pensamento de uma ressurreição dos mortos para a vida eterna aparece pela primeira vez no livro de Daniel. O livro tem traços lendários. Daniel deve ter sido deportado para a Babilônia pelo rei Nabucodonosor com outros jovens e, lá, determinado a serviços na corte, o que nos faz pensar que desempenhava um alto cargo tanto sob os babilônicos quanto sob os persas, depois que esses conquistaram a Babilônia. Uma série de lendas (os jovens na fornalha — Daniel na cova dos leões — O banquete de Belsazar etc.) conta de que forma ele se distinguiu como intérprete de sonhos e reconhecia com firmeza a sua fé em um único Deus. O significado do livro repousa, contudo, principalmente nos parágrafos visionários, nos quais Daniel vaticina que os reinos terrestres seriam substituídos em breve pelo governo de Deus. São, como nas lendas, situados no exílio babilônico dos judeus no século VI a.C., mas devem ter sido redigidos, na verdade, nos anos ruins dos macabeus, entre 167 e 164 a.C.

Daniel não faz descrições pormenorizadas sobre a natureza do futuro Reino de Deus. Na sua interpretação do sonho dos quatro reinos terrenos que se substituem um após o outro, diz simplesmente que Deus erigirá, no final dos tempos, um reino que "subsistirá para sempre" (Dn 2: 44; semelhantemente em 7: 27). No final de uma grande visão, que descreve os horrores dos tempos dos macabeus, um anjo poderoso lhe anuncia a ressurreição dos que morreram na perseguição: "e haverá tempo de angústia, qual nunca houve, desde que houve nação até àquele tempo... mas naquele tempo será salvo o teu povo, todo aquele que for achado inscrito no livro [da vida]. Muitos dos que dormem no pó da terra ressuscitarão, uns para a vida eterna, e outros para vergonha e horror eterno. Os que forem sábios, pois, resplandecerão, como o fulgor do firmamento; e os que a muitos conduzirem à justiça, como as estrelas sempre e eternamente" (Dn 12: 1-3). E Daniel mesmo recebe a promessa de que ainda lhe caberia uma recompensa após o descanso da sepultura: "Tu, porém, segue o teu caminho até o fim; pois descansarás, e, ao fim dos dias, te levantarás para receber a tua herança [a recompensa do final dos tempos]" (Dn 12: 13).

Ressurreição corporal e imortalidade da alma

Nem sempre, porém, nos escritos daquele tempo, se fala de uma ressurreição corporal. Dessa maneira, o Livro dos Jubileus, do século I a.C., aguarda um tempo de salvação, assim que o povo retorne a Deus e observe sua lei de forma renovada. Então, toda perseguição terá um final com a aniquilação do mau agressor pagão e um tempo de paz começará, no qual os homens terão mil anos como no começo da criação. Fica a impressão, no entanto, que os corpos dos justos assassinados nos tumultos passados pelas mãos dos pagãos permanecerão na sepultura, enquanto, na morte, seu espírito entra para a comunhão com Deus. Assim continua: "olharão [do alto] e agradecerão e se alegrarão durante toda a eternidade e verão nos seus inimigos todo seu julgamento e sua maldição. E seus ossos repousarão na terra e seu espírito terá muita alegria e reconhecerão que é Deus quem julga e exerce a graça para as centenas e milhares e para todos aqueles que o amam" (Jub. 23: 23-30).

Não sabemos se, nesse texto, já se expressa uma nova versão de continuidade de vida após a morte. É que no tempo de Cristo espalhou-se no judaísmo também o pensamento de uma "imortalidade da alma", isto é, de uma vida após morte somente da parcela espiritual no ser humano, que, na morte, descartaria sua corporalidade. Isso apareceu de maneira evidente sob a influência de certas correntes do pensamento helenístico, segundo as quais a alma provinha essencialmente do âmbito dos astros divinos e para lá voltaria se se comportasse em vida conforme queriam os deuses: uma concepção que foi modificada pelos judeus, ao dizerem que a alma não era imortal do ponto de vista de sua natureza, mas tinha sido criada imortal por Deus. O historiador judeu Flávio Josefo, em sua obra *Antiguidades judaicas*, do final do século I d.C., fala sobre os fariseus, o grande movimento religioso no judaísmo daquela época:

"eles também pensam que as almas sejam imortais e que as mesmas, dependendo se a pessoa foi virtuosa ou perversa, receberão sob a terra recompensa ou punição, de modo que os perversos deverão gemer num calabouço eterno, enquanto os virtuosos receberão o poder, [na ressurreição] de voltar à vida" (18: 1: 3).

Ao lado disso, mantém-se, no entanto, a antiga versão de existência como sombra no reino dos mortos. O livro de Eclesiastes (Kohelet) do século III a.C. enfatiza: "porque o que sucede aos filhos dos homens, sucede aos animais: como morre um, assim morre o outro, todos têm o mesmo fôlego da vida e nenhuma vantagem tem o homem sobre os animais" (Ec 3: 19). Contudo, é visível que não era estranho ao autor que já houvesse outras opiniões. Mas ele permanece cético: "quem sabe que o fôlego de vida dos filhos dos homens se dirige para cima, e o dos animais para baixo, para a terra?" (Ec 3: 21) e não acredita em uma retribuição no Além: "tudo sucede igualmente a todos: o mesmo sucede ao justo e ao perverso; ao bom, ao puro e ao impuro... porque mais vale um cão vivo que um leão morto. Porque os vivos sabem que hão de morrer, mas os mortos não sabem cousa nenhuma, nem tampouco terão eles recompensa, porque a sua memória jaz no esquecimento" (Ec 9: 2-5).

Essa era também a versão do círculo conservador do grupo religioso dos saduceus, dos quais diz Josefo: "a doutrina dos saduceus crê que a alma perece junto com o corpo" (18: 1: 4). Eles tampouco criam numa vida eterna com anjos no céu ou num paraíso nem numa ressurreição dos mortos (cf. At 4: 2; 23: 6-8; Mc 12: 18-27; Mt 22: 23-32; Lc 20: 27-40), uma vez que achavam que os escritos dos apocalípticos eram devaneios e somente reconheciam a Torá, os primeiros cinco livros da Bíblia, como revelação divina. Em seu modo de ver — que o governo de Deus sobre a Terra se realizava na verdadeira Israel à volta do culto no Templo de Jerusalém — não podia haver esperanças de um final dos tempos. O grupo dos saduceus conheceu seu fim com a destruição do Templo de Jerusalém no ano 70 d.C. Assim, a esperança em uma vida após a morte no judaísmo dos séculos seguintes tornou-se um dogma óbvio, seja por causa da expectativa de uma ressurreição do corpo no final dos tempos, seja por causa da convicção de que a alma sobrevive à morte corporal. Ainda hoje, no judaísmo reformado dos séculos XIX e XX, a fé na alma imortal mantém-se firme, embora não mais se conte com a reunificação do corpo e da alma no final dos tempos quando da sua ressurreição — um desenvolvimento que é completamente parecido com o do cristianismo de nossos dias.

O Paraíso celeste dos cristãos

COMO DEMONSTRADO, não havia no judaísmo do tempo de Jesus nenhuma doutrina elaborada e aprovada por todos sobre os acontecimentos após a morte e no final dos tempos, mas sim uma multiplicidade de esboços. Tudo que o recém-surgido cristianismo discutirá sobre os últimos fatos já estava contido nos primórdios e no modo de colocar o problema da literatura apocalíptica.

Os escritos do Novo Testamento

A palavra "paraíso" aparece no Novo Testamento somente em três passagens, sendo todas as vezes no âmbito do além-túmulo: Paulo narra numa de suas epístolas sobre uma visão abertamente mística na qual ele, durante a vida, foi arrebatado ao Paraíso: "foi arrebatado até o terceiro céu, se no corpo ou fora do corpo, não sei. Deus o sabe" (2 Co 12: 2-4). Na história da Paixão, no Evangelho segundo Lucas, Jesus diz a um dos dois malfeitores (isto é, ou ladrões ou talvez inconfidentes) crucificados com ele: "hoje estarás comigo no Paraíso" (Lc 23: 43). E, finalmente, fala o Apocalipse de João da "Árvore da Vida que se encontra no Paraíso de Deus" como alimento para quem se tenha comportado de maneira justa.

Essa quantidade diminuta não deve iludir, pois há pelos textos afora uma série de formulações e modos de expressão que, com outras palavras, aponta para a existência paradisíaca no céu, sem a utilização da palavra de maneira expressa. Isso ocorre, igualmente, quando se fala do "seio de Abraão", das "moradas" no céu ou para os dizeres de Jesus sobre o "reino dos céus" e, sobretudo, pelas profecias da revelação de João acerca do "novo céu e nova terra".

Um lugar de espera da ressurreição

O pedido do malfeitor arrependido — "Jesus, lembra-te de mim quando vieres no teu reino" — precede as palavras de Jesus — "hoje estarás comigo no Paraíso". Segundo uma outra leitura, supostamente mais correta, teríamos "Jesus, lembra-te de mim quando vieres com o teu reino" (Lc 23: 42-43). Tanto o malfeitor quanto Jesus referem-se, com essas palavras, obviamente aos pensamentos da literatura apocalíptica, o malfeitor com sua fé no reino de Deus dos últimos dias e Jesus por meio da promessa de que ainda hoje, portanto, imediatamente após a morte, ambos estariam naquele local paradisíaco onde os justos mortos esperam pela ressurreição em uma nova vida.

Para a questão sobre o que ocorre com os mortos entre sua morte corporal e a ressurreição, o Evangelho de Lucas tem ainda uma outra referência. A narrativa do ensinamento de Jesus sobre o rico dissipador e o pobre Lázaro (Lc 16: 19-31) descreve o destino distinto dos dois homens após a mote. O pobre foi "levado pelos anjos para o seio de Abraão". O rico, pelo contrário, foi para os infernos, "estando em tormentos". Quando pede ao patriarca que Lázaro lhe seja mandado com uma gota d'água para que possa acalmar sua sede nos tormentos de fogo, Abraão lhe dá a resposta de que ele já

16. *O seio de Abraão*, Catedral de Bamberg, cerca de 1230.

tivera na Terra sua parte e continua: "além de tudo, está posto um grande abismo entre nós e vós, de sorte que os que querem passar daqui para vós outros não podem, nem os de lá passar para nós".

Esta imagem de um abismo e do diálogo fictício entre Abraão e um morador dos infernos trata-se, naturalmente, de um modo de expressão simbólico que, claramente, quer dizer que os justos, após a morte, atingem um lugar de paz, enquanto os maus, um lugar de tormentos. Com "seio de Abraão" se entende, obviamente, não aquele lugar do mundo inferior no qual os justos, segundo alguns escritos apocalípticos, esperam, sem sofrimentos, o julgamento do final dos tempos. A menção aos anjos, que levaram Lázaro após sua morte, faz pensar, pelo contrário, num local paradisíaco, que fica no alto, portanto no Céu ou em um dos céus. Também a palavra "seio" ilude a um âmbito de aconchego, como a criança nos braços de sua mãe. Para a citação dos patriarcas há um paralelo num escrito judaico da época, segundo o qual Abraão, Isaac e Jacó receberão no além-túmulo os mártires mortos por sua fé (IV Mac. 13: 17), pois, como já dito, se acreditava que os patriarcas, por sua vez, já tivessem encontrado acolhida, após sua morte, no Paraíso.

A esperança na transformação do mundo terreno

O anúncio da aproximação de um reino de Deus ou de um reino dos Céus (por ex. Mc 1: 15) é central na mensagem de Jesus. Ambas as expressões querem dizer o mesmo, pois "Céus", na época, era forma respeitosa de os judeus dizerem Deus. A palavra não aponta, portanto, nesta relação, para um lugar fora da Terra, no alto do firmamento, mas para o reinado ou para o domínio de Deus entre os homens.

Jesus, porém, não fez exposições teóricas sobre esse reino em nenhuma passagem, mas falou dele somente em parábolas, fato que foi conduzido, sob os exegetas, para infinitas discussões sobre a natureza desse reino e o modo de sua chegada. Deve-se, contudo, supor que Jesus, em sua pregação, partia da imaginação de seus ouvintes judeus, que, com isso, entendiam o reino da felicidade e da salvação anunciado pelos profetas e nos escritos apocalípticos, o qual concluirá esta era e erigirá um mundo completamente novo. Sobre isso testemunha ainda a perspectiva do final dos tempos nos pedidos da primeira parte do Pai-Nosso, a oração que Jesus ensinara a seus discípulos: "venha o teu reino" aponta para a construção do domínio de Deus. Sua particularidade é marcada mais minuciosamente, por meio da frase final "faça-se a tua vontade, assim na terra como no céu", como uma obediência solícita dos homens, segundo o modelo dos anjos celestes (Mt 6: 9-13).

Freqüentemente Jesus comparou o reino dos céus com uma festa, um "banquete celestial", assim como na parábola das bodas, para as quais um rei convidava (Mt 22: 1-14; Lc 14: 15-24). Numa outra vez diz: "muitos virão do Oriente e do Ocidente e tomarão lugares à mesa com Abraão, Isaac e Jacó no reino dos céus" (Mt 8: 11; Lc 13: 29) e na Última Ceia promete a seus discípulos: "assim como meu Pai me confiou um reino eu vo-lo confio, para que comais e bebais à minha mesa no meu reino" (Lc 22: 29-30). Também, com isso, Jesus aproveitou representações da tradição judaica que, por exemplo, no livro de Isaías, descreve a peregrinação dos povos como uma enorme festa, para a qual Deus convida, por ocasião do surgimento definitivo do seu domínio real: "O senhor dos Exércitos dará neste monte [de Jerusalém] a todos os povos um banquete de cousas gordurosas, uma festa com vinhos velhos, pratos gordurosos com tutanos, e vinhos velhos bem clarificados"

(Is 25: 6). E segundo alguns escritos apocalípticos, nessa ocasião a carne dos monstros míticos Behemot e Leviatã servirá como refeição dos escolhidos no Paraíso (IV Esdr. 6: 52; Bar. sir. 29: 4).

Jerusalém celestial como finalização do Jardim do Éden

As reminiscências mais surpreendentes e inequívocas no Paraíso descrito no Gênesis, no início da Bíblia, se encontram no livro das Revelações ou Apocalipse de João, o último livro do Novo Testamento. Surgido provavelmente no ano de 95 d.C., seu autor se chama João e diz que teria sido transportado pela fé à Ilha de Patmos. A tradição cristã atribui-lhe também o Evangelho de João e vê nele o discípulo preferido de Jesus.

O livro pertence, como seu nome diz, ao gênero literário dos apocalipses amplamente difundidos no judaísmo daquela época. Numa seqüência impressionante — pode-se dizer até desconcertante, às vezes — de visões simbólicas e de dizeres imagéticos, descreve as grandes catástrofes que irromperão sobre a humanidade. Mas o livro pretende dar ânimo e consolo às comunidades cristãs perseguidas da Ásia Menor, mostrando como Deus conduzirá, no final da história, seus eleitos para a glória eterna, por meio dessas muitas aflições. Isso é descrito nos dois capítulos finais, numa visão grandiosa, cujos detalhes lembram a existência do primeiro casal humano no Jardim do Éden, antes do pecado original, sem morte nem fadiga e com íntima familiaridade com Deus: "Vi novo céu e nova terra... Vi também a cidade santa, a nova Jerusalém, que descia do céu, da parte de Deus, ataviada como noiva, adornada para o seu esposo. Então ouvi grande voz vinda do trono [de Deus], dizendo: eis o tabernáculo de Deus com os homens. Deus habitará com eles. Eles serão povos de Deus e Deus mesmo estará com eles. E lhes enxugará dos olhos toda lágrima, e a morte já não existirá, já não haverá luto, nem pranto, nem dor, porque as primeiras cousas passaram" (Ap 21: 1-4).

No decorrer da visão aparecem ainda outros temas — águas e a Árvore da Vida — extraídos da descrição do Jardim do Éden. O anjo mostra ao visionário: "o rio da água da vida, brilhante como cristal, que sai do trono de Deus e do Cordeiro. No meio de sua praça, de uma e outra margem do rio, estão árvores da vida que produzem frutos doze vezes, dando frutos de mês em mês, e as folhas das árvores são para a cura dos povos" (Ap 22: 1-2). Da Árvore da Vida — que desta vez cresce em muitos exemplares em ambas as margens do rio — não se falava mais na Bíblia, desde o Gênesis, exceto eventualmente na literatura proverbial do Velho Testamento, que lhe elogiava no sentido metafórico, como a força revitalizadora da sabedoria, da justiça etc. A revelação de João diz sobre a espera: "ao vencedor dar-lhe-ei que se alimente da Árvore da Vida, que se encontra no Paraíso de Deus" (Ap 2: 7).

Enquanto no Jardim do Éden, ao lado do ouro, apenas duas pedras preciosas são citadas, a saber, o bdélio e a pedra de ônix, uma dúzia delas é enumerada na Jerusalém celestial: jaspe, safira, calcedônia, esmeralda, sardônio, sárdio, crisólito, berilo, topázio, crisópraso, jacinto, ametista: "o seu fulgor era semelhante a uma pedra preciosíssima, como pedra de jaspe cristalina. Tinha grande e alta muralha, doze portas, e junto às portas doze anjos... A cidade é quadrangular, de comprimento e largura iguais... A estrutura da muralha é de jaspe; também a cidade é de ouro puro semelhante a vidro límpido. Os fundamentos da muralha da cidade estão adornados de toda espécie de pedras preciosas..." (Ap 21: 11-20).

O apóstolo Paulo (Gl 4: 24-31) já fala de uma Jerusalém da outra vida como herdeira da promessa de Deus, e a epístola aos

17. *O apocalipse de Bamberg*, o anjo mostra a João a Jerusalém Celestial pairando sobre eles, pintura de livro cerca de 1020.

Hebreus cita-a como local de estada dos eleitos mortos (Hb 12: 22). O tema estava, no judaísmo de então, obviamente bastante difundido. Assim se diz num escrito daquela época: "para vós o Paraíso está aberto; a Árvore da Vida, plantada; o mundo futuro, preparado; a bem-aventurança, posta à disposição; a cidade, construída; o lar, escolhido..." (IV Esdr. 8: 52). Deduz-se de um outro escrito, também do século II d.C., que nesse trecho "cidade" está se referindo à Jerusalém construída não de pedras, mas à já existente, desde todo o sempre no Paraíso. Lá Deus diria: "nem esta cidade diante de vós com suas construções será a futura a qual eu revelo, a qual aqui antecipadamente já está preparada desde aquele tempo, quando decidi a criar o Paraíso. Mostrei-a a Adão antes do pecado original; foi-lhe retirada com o Paraíso... Mostrei-a também ao meu servo Abraão... E mostrei-a a Moisés do Monte Sinai... Estará agora à minha disposição, juntamente com o Paraíso" (Bar. sir. 4: 3-6).

Com a descrição da Jerusalém celestial encerra-se um grande círculo de narrativas. Começa no Gênesis, o primeiro livro do Velho Testamento, e chega até o Apocalipse de João, o último livro do Novo Testamento. No lugar do jardim, onde, outrora, somente o primeiro casal humano vivia, entra em cena uma magnífica cidade que oferece espaço suficiente para uma quantidade inumerável de eleitos.

ESPECULAÇÕES E VISÕES

Os cristãos do tempo dos apóstolos viviam na esperança do retorno de Cristo em breve, quando eles mesmos seriam "transformados" na glória de Deus "ao ressoar da última trombeta" (1 Co 15: 52). Acreditavam que também aqueles fiéis que já haviam morrido seriam ressuscitados para que pudessem fazer parte da transformação juntamente com os que então estivessem vivos. Uma vez que todo seu interesse, no entanto, era direcionado para o final dos tempos iminente, não pensaram muito sobre o modo de existência dos mortos anteriores a eles. Expressões daquela época permitem supor que imaginavam a existência dos justos mortos como um descanso em paz dentro do túmulo ou no mundo inferior. Assim, dizia Paulo certa vez sobre os crentes mortos: "alguns já dormem" (1 Co 15: 6) e no apedrejamento do diácono Estêvão está literalmente: "adormeceu" (At 7: 60) (o que foi traduzido imprecisamente na Bíblia de Lutero como "expirou" e pela tradução unificada, ainda mais prosaica, como "morreu").

Só quando perceberam que várias gerações de cristãos iam morrendo sem vivenciar o advento de Cristo, colocou-se a questão, de uma maneira nova e premente, sobre o que ocorreria com cada indivíduo entre sua morte e a ressurreição de todos os mortos no Juízo Final. Sobre isso testemunha não só o tratamento freqüente do tema entre os teólogos, mas também a multiplicidade de lendas e relatos visionários sobre homens aos quais foi concedido, já durante a vida, dar uma olhada na outra vida.

Uma estadia provisória no Paraíso

Os autores teológicos dos primeiros séculos depois de Cristo eram inteiramente da opinião de que tanto o próprio Céu, com a exultante visão de Deus, quanto o Inferno propriamente dito, com suas torturas corporais, permaneciam fechados até o Juízo Final. Mas as almas já seguiriam, logo depois da morte, caminhos distintos: as dos justos iriam para um local claro, com aromas agradáveis, onde poderiam gozar previamente de um sabor da beatitude celestial; em contrapartida, as dos maus iriam para uma região escura e malcheirosa, onde a vista do iminente fogo do Inferno causava já dores ardentes. Em vários autores se encontra também o pensamento de um processo de purificação que aquelas almas precisariam percorrer, vivendo durante a espera nem muito bem nem muito mal, antes que pudessem ser ajuntadas aos mártires e aos santos mortos sem o peso do pecado — um pensamento a partir do qual se desenvolverá, na Idade Média, a doutrina da fé católica acerca do Purgatório.

O local claro e agradável onde as almas dos mortos ficam até a ressurreição é caracterizado, às vezes, como o "seio de Abraão", do qual se fala no Evangelho, mas, sobretudo, como o Paraíso. Somente no caso dos mártires, que haviam sofrido a morte na perseguição por sua fé, havia a certeza de que sua alma iria para lá, assim que morressem. Essa doutrina foi considerada, porém, um tanto problemática, uma vez que as almas são destituídas do corpo, enquanto o Paraíso era uma realidade terrena que apenas podia acolher os que tinham sido "arrebatados" corporalmente, como Enoque e Elias e, como já se supunha, a mãe de Deus, Maria. A referência ao Apocalipse de João oferecia a certeza de os mártires estarem ao lado de Deus no céu. É isso o que está dito na grande visão, na qual o visionário olha para o céu aberto: "vi debaixo do altar as almas daqueles que tinham sido mortos por causa da palavra de Deus e por causa do testemunho que sustentavam" (Ap 6: 9).

O local de repouso dos mártires também era descrito freqüentemente como um pré-estágio do céu, que comporta traços paradisíacos. Um exemplo é o relato sobre o martírio que Perpétua, Felicitas e outros cristãos sofreram no ano de 203 na cidade norte-africana de Cartago. Interpretaram-se sonhos e visões atribuídos aos presos antes de sua execução. Assim um certo Sarturus viu como ele mesmo e Perpétua foram levados por quatro anjos em direção ao Oriente, onde chegaram a um vasto terreno, "que se semelhava a um pomar, cujas árvores traziam rosas e todo tipo de flores. As árvores eram grandes como ciprestes e suas folhas faziam ouvir um murmúrio constante". Lá encontraram alguns dos mártires já executados antes deles e, em seguida, foram levados perante o trono de Deus e recebidos cordialmente por Cristo. Depois disso, encontram mais outros cristãos: "fomos tocados e os abraçamos... e fomos com eles ao Jardim das Delícias sob uma roseira... fomos todos preenchidos com um aroma indescritível, que nos satisfazia".

A descrição em um manuscrito muito lido até a Idade Média, o Apocalipse de Pedro, que remonta ao século II d.C., é típica para a representação feita desse paraíso. Descreve o que o apóstolo Pedro teria supostamente visto quando da transfiguração de Jesus no monte Tabor (Mt 17: 1-8). Entre outras coisas, Jesus lhe teria mostrado o Paraíso, a seu pedido, para que pudesse ver o lugar dos mortos: "um local amplo e extenso, fora deste mundo, com luz muito deslumbrante, e o ar lá é atravessado pelos raios solares, e da própria terra brotam flores que nunca murcham, cheia de ervas de especiarias e de plantas que brotam suntuosamente e não murcham e trazem frutos abençoados. Tão forte era o cheiro das flores que vinha de lá, chegando até onde estávamos. Os moradores daquele lugar estavam cobertos com um resplandecente vestido de anjos e sua vestimenta adequava-se a seu local de estadia. Os anjos, contudo, passeavam lá entre eles. Todos os moradores de lá tinham o mesmo brilho e com uma só voz louvavam a Deus, o Senhor, alegrando-se naquele local". O Paraíso é descrito de forma semelhante no Apocalipse de Paulo, mais tardiamente surgido, em que o apóstolo narraria o que vira quando foi "arrebatado até o terceiro céu" (1 Co 12: 1-5). Ambos os escritos são apócrifos, isto é, não foram reconhecidos pela Igreja como autênticos; contudo, exerceram até a Idade Moderna grande influência sobre a devoção popular.

Também se especulou sobre a ocupação dos bem-aventurados no Paraíso. Era unânime o pensamento que sua atividade principal, como se deduz da citação acima, se tratava do louvor a Deus. Essa representação, que hoje é particularmente ridicularizada como o cúmulo do tédio, torna-se suportável quando se entende a situação dos bem-aventurados no Paraíso como um êxtase eterno, gerando alegria infinita, no qual desaparece a sensação do tempo. Neste sentido é que se deve entender também as palavras de Orígenes (morto por volta de 253-4), um dos mais representativos teólogos da Igreja primitiva. Era professor na escola de catequese de Alexandria e evidentemente tão entusiasmado por sua profissão que, para ele, a sorte dos bem-aventurados no Paraíso se compunha de um constante progresso na compreensão das verdades da fé. Ele acreditava que todos os santos, quando se afastam desta vida, passam o tempo em um local sobre a Terra chamado de Paraíso das Sagradas Escrituras, algo como um lugar de educação e, por assim dizer, uma sala de conferência, uma escola das almas. Lá seriam instruídos sobre tudo que viram na Terra e receberiam informações sobre o futuro, o vindouro, assim como nesta vida tinham recebido informações sobre o que estava por vir, embora somente "por meio de um espelho ou de palavras obscuras" — coisas que seriam reveladas então de um modo claro e compreensível para alguém do lugar onde viveram e em sua época. O ensino seria ministrado a princípio por anjos — continua Orígenes — antes que o próprio Cristo assumisse essa tarefa num estágio mais avançado. Até no céu propriamente dito o ensino prosseguiria, rumo a uma aproximação cada vez maior do próprio Deus.

Muitos outros escritos cristãos primitivos, além do relato acima citado sobre o martírio de Santa Perpétua, trazem também informações sobre a esperança de rever os parentes e amigos. Por exemplo, Cipriano, bispo de Cartago em meados do século III, disse: "como o nosso lar, assim entendemos o Paraíso... um grande número de amores aguarda-nos lá, uma multidão considerável, impressionante de pais, irmãos e filhos... apressar-se entre seus olhos e em seus braços, que grande alegria para nós e para eles, ao mesmo tempo!".

Quanto ao lugar do Paraíso, alguns autores pensaram no Jardim do Éden, que continuava existindo sobre nossa Terra, num lugar distante, em sua situação original, embora seu acesso permanecesse fechado e somente possível com permissão especial e sob condução de um anjo. Para outros, o Paraíso, depois do pecado dos pais primevos, foi levado da Terra e colocado no Céu, mais especificamente no "terceiro céu", para o qual Paulo teria sido arrebatado e que não deve ser confundido com o "sétimo céu", da eterna beatitude e a *visio beatifica* (abençoada visão de Deus). A concepção, mencionada por Isidoro de Sevilha em *De ordine creaturarum*, de que o Paraíso celeste ficaria no alto de nossa atmosfera imediatamente abaixo do firmamento foi difundida. As almas dos justos permaneceriam em paz nessa "morada muito clara dos aposentos celestes" antes que ressurgissem no Juízo Final para o céu definitivo, o céu de Deus e dos anos acima do firmamento.

Os testemunhos da mística e sua manifestação na arte

A rica literatura mística da Idade Média produziu também uma grande quantidade de relatos visionários, cujos autores, sobretudo autoras, descrevem as moradas futuras dos bem-aventurados. Dignas de se nomear estariam aqui, entre muitas outras, Hildegard von Bingen (por volta de 1098-1179), Elisabeth von Schönau (1129-64), Mechthild von Magdeburg (morta em 1283), Angela de Foligno (morta em 1308), Birgitta da Suécia (morta em 1373), bem como Heinrich Seuse (morto em 1366) e Jan van Ruysbroek (morto em 1481).

Assim descreve Elisabeth von Schönau, freira no mosteiro de Schönau, em Hessen, como, certa vez, viu uma construção magnífica cercada de três muralhas, que "era irradiada pelo brilho de uma luz enorme". Diante dela, estava um terreno coberto com uma mata espinhosa, e uma grande quantidade de almas vestidas de branco demandava esforços de intensa exaustão para superá-la, a fim de chegar à luz. Numa outra visão, abrem-se os portões do céu propriamente dito e ela viu os santos virginais, o trono de Deus e o Cordeiro das Revelações de João.

Um século depois, Mechthild von Magdeburg, cisterciense em Helfta, próximo a Eisleben, numa de suas visões, vê inicialmente o Paraíso terrestre. Encontra-se numa parte abaixo do céu e era um jardim luxuriante, composto de árvores, com lagos suaves que fluíam por ali, e de um ar cheio de bons aromas. Num estágio mais alto pôde reconhecer uma paisagem formada de maneira semelhante, mas muito mais sublime. Era o Paraíso celeste, que recebia as almas que não precisaram passar pelo Purgatório, mas que ainda não eram dignas da visão de Deus. Só acima se situava a residência de Deus, o Céu propriamente dito, para o qual somente os santos recebiam acesso imediato; as demais almas, apenas após sua purificação.

Também as coletâneas de pregações e os escritos edificantes falam de um jardim magnífico com lagos cristalinos, de campos cheios de flores, sobre os quais corças, arminhos e lebres brincam uns com os outros, e de árvores carregadas de frutos, em cujas ramadas pássaros coloridos cantavam doces melodias. Descrevem também, em sempre novas variações, as construções suntuosas, assim como o traje magnífico e os adornos valiosos de ouro e pedras preciosas que aguardam lá os bem-aventurados, pois dourado é a verdadeira cor do Paraíso celeste, como se vê nas igrejas bizantinas.

A associação de temas extraídos do Jardim do Éden com o mundo alegórico do novo céu no Apocalipse de João teve grande influência sobre a arte. Um exemplo visível disso é a representação

18. Jan van Eyck, *O altar de Gent*, 1432.

da "adoração do Cordeiro", de Jan van Eyck (cerca de 1390-1441), quadro central do altar de Gent. Sobre um prado coberto de flores se vê a fonte da vida e o altar do Cordeiro rodeado de anjos, para o qual se movem quatro procissões: à esquerda, na parte da frente, vêm, conduzidos pelos profetas bíblicos, os bons pagãos, que creram no Deus único e tinham observado a Lei e, da esquerda, na parte da frente, sob condução dos apóstolos, os que confessaram a fé cristã, além dos papas e bispos vestidos num vermelho brilhante. No segundo plano se aproximam, pela esquerda, os mártires vestidos de azul e, pela direita, as virgens em trajes ricos, ambos os grupos levando ramos de palmeira. Atrás das sebes, emoldurandoos, levantam-se os edifícios da Jerusalém celestial, construídos artisticamente. No registro superior do altar encontra-se a corte celestial, com Cristo ao centro, em trajes de pontífice; ao lado dele a Santa Virgem e João Batista.

As construções desse quadro e de outros são inspiradas pelas catedrais divinas, por meio das quais a Jerusalém celestial deve ser trazida para a Terra. Seus vitrais coloridos fazem suas paredes laterais quase desaparecerem, de modo que, por meio do jogo de cor e luz, surja a impressão de uma sala isenta de gravidade. Os clérigos vestidos de branco e os sacerdotes em seus ornamentos cobertos de ouro que celebraram suas missas e procissões acompanhadas de cânticos solenes lembravam os fiéis da liturgia celeste, em que os anjos e os santos louvam a Deus e o adoram.

Um último ponto culminante dos esforços de erguer uma idéia do Paraíso futuro, por meio dos meios artísticos, foram as solenes igrejas do Barroco e do Rococó. Além do mais, isso também vale para suas pinturas de teto, nas quais se escancaram nuvens negro-acinzentadas da atmosfera terrestre, de modo que se permita olhar o éter celeste de tons azul-claro e rosa, onde se torna visível a coroação de Maria, a entrada dos bem-aventurados ou o envio do Espírito Santo.

Viagens para o Além nas experiências de quase morte

Os numerosos testemunhos de pessoas que aparentemente haviam morrido, mas que retornaram à vida, pertencem a uma categoria especial de visões do Paraíso. Muitas passagens desses relatos devem, contudo, ter sido revistas e enriquecidas pelos teólogos eruditos que as registravam, tendo em vista as representações ortodoxas do Além. Para o pregador tornou-se também uma maneira bastante apreciada de chamar os ouvintes à penitência ou à conversão por meio do medo das punições e da esperança da alegria celeste.

É comum ridicularizar-se tal tipo de relato nos tempos mais modernos como lendas piedosas sem nenhuma consideração a experiências reais. Apoiou-se, contudo, no fenômeno das assim chamadas experiências de quase morte, que voltou a ser levado mais a sério a partir das publicações dos psiquiatras Raymond A. Moody e Elisabeth Kübler-Ross nas últimas décadas do século passado. São relatos que tratam de pessoas que, por meio de doença ou acidente, às vezes entram em coma e, superado esse estado, conseguem narrar o que teriam vivenciado na situação próxima da morte. Alguns se sentiam atraídos para dentro de um "túnel escuro" em cujo final se manifestaria uma luz brilhante. Outros falam ainda de encontros com seres luminosos que os recebem no limiar entre o mundo terrestre e o do Além e, em seguida — o que lamentam muito, pois gostariam de permanecer lá —, teriam sido reenviados à vida. Restaria a todos que passaram por essa experiência um sentimento de felicidade indelével que, não raro, conduziria a uma nova atitude no comportamento para com o mundo e as pessoas de sua convivência.

Tais experiências já foram mencionadas muitas vezes na Antiguidade. A mais conhecida é a história da *República* de Platão, de um guerreiro de nome Er, que estava caído no campo de batalha como morto e descreveu, após seu retorno à vida, o destino das almas separadas da vida em imagens que correspondiam às antigas representações do mundo inferior. O sufismo islâmico conhece também tais tradições, e no budismo tibetano conta-se sobre os assim chamados *Deloks* (de *lok* = "voltado dos mortos") que permaneceram por algum tempo em "Bardo", o terreno intermediário entre a morte e o renascimento, como está descrito no Livro

Tibetano dos Mortos. Relatos semelhantes, dessa vez com um mundo imagético cunhado pela tradição bíblica, encontram-se bem cedo na literatura cristã, por exemplo, na bibliografia de São Martinho de Tours, editada por Sulpicius Severus por volta do ano 400, ou os escritos de Gregório Magno (papa por volta do ano 600). A descrição do Inferno e das torturas dos pecadores, contudo, ocupa o maior espaço nessas visitas visionárias ao outro mundo, pois, para as pessoas daquela época, o medo da condenação ameaçadora é o pano de fundo nos pensamentos sobre o Juízo Final, como se expressa drasticamente no hino litúrgico *Dies iræ* da Missa do Dia de Finados, surgida no século XIII. A viagem sempre termina, porém, com um panorama mais ou menos detalhado de um lugar para aqueles que estão determinados ao céu.

Entre as imagens que reaparecem em variantes cada vez mais renovadas, cita-se com freqüência também uma luz desmesuradamente brilhante. Assim relata Gregório, bispo de Tours entre 573 a 594, sobre um monge que voltara do Além e narrara que teria visto lá "uma nuvem, mais clara que qualquer luz... não se podia diferenciar dentro dela nem o Sol, nem a Lua, nem qualquer estrela porque brilhava de maneira mais magnífica do que elas todas".

Um dos relatos freqüentemente citados é o de certo Alberico de Settefrati. Nascido por volta do ano 1100, adoeceu e entrou em coma durante nove dias e nove noites, quando era uma criança de dez anos de idade. Teve então uma visão que, mais tarde, após tornar-se monge em Monte Cassino, por ordem de seu abade, ditou aos doutos monges de lá. Ele contava como fora elevado aos ares por um pombo branco, onde lhe apareceram São Pedro e dois anjos. Esses o conduziram a princípio através de um longo caminho pelos abismos dos infernos, antes que finalmente chegassem a um lugar aprazível. Era um campo adorável, que cheirava a lírios e rosas, sobre o qual acampavam as almas que esperavam pela sua ressurreição e pelo acesso final ao esplendor de Deus no "refrigério", isto é, num local de "alívio". No meio do campo viu então o Paraíso, para o qual as almas comuns entrariam só depois do Juízo Final, de sorte que lá atualmente apenas se encontravam os anjos e os santos que haviam morrido sem pecado, entre os quais São Bento (fundador do seu mosteiro).

Um escrito de meados do século XII narra uma experiência parecida de um cavaleiro irlandês chamado Tundalo (Tnugdal ou Tungdal), que, logo em seguida, foi ampliada e, muitas vezes, ilustrada. Depois de uma longa viagem, sob a condução de um anjo, por uma região com lagos fétidos e montanhas horripilantemente escarpadas, onde os condenados pelos demônios eram punidos, Tundalo teria por fim chegado de novo à luz. Seu acompanhante celeste lá o teria conduzido, através de um portão na muralha, num brilho resplandecente, para um campo maravilhoso com flores cheirosas e com a fonte da juventude no seu centro, que proporciona a vida eterna.

Como último exemplo se deve mencionar a experiência de um homem da Alta Idade Média, cujo percurso é bastante parecido com as experiências descritas por Moody e Kübler-Ross. O monge Beda, o Venerável (cerca de 672-735), famoso ainda nos séculos seguintes por sua erudição, contou em sua *História da Igreja da Inglaterra*, detalhadamente, sobre um pai de família que teria feito, em coma, uma visita ao Paraíso: "foi ficando cada vez pior, até que entrou em crise e certa noite morreu. Ao nascer do sol, porém, retornava à vida de novo e de repente se pôs sentado. Isso aconteceu com grande surpresa dos que estavam de luto à sua volta, que se puseram a correr, cheios de medo. Apenas sua mulher, que o amava de coração, ficou tremendo de medo ao lado dele. O homem a acalmou e disse: não tenhas medo, pois eu deveras fugi das garras da morte e tive a permissão de permanecer novamente entre os homens...". Então relatou à sua mulher de suas experiências no Além: "um homem nobre com uma toga cintilante era meu guia... No caminho, chegamos a um vale muito largo e profundo de comprimento indefinido... logo me conduziu da escuridão para uma atmosfera de luz brilhante e, enquanto me conduzia adiante para a luz clara, percebi um muro gigantesco. Visto que eu não observava nele nem portões nem janelas nem quaisquer outras aberturas, comecei a me perguntar por que continuávamos a nos aproximar desse muro. Quando o alcançamos, encontramo-nos de repente — sem que eu pudesse dizer como conseguimos fazê-lo — no alto, sobre o muro. Atrás dele estava um campo maravilhoso, amplo, luminoso... A luz que preenchia esse lugar me parecia mais clara do que os raios de sol ao meio-dia...". Ao final de seu relato, o homem conta, completamente parecido aos testemunhos modernos, de sua resistência a abandonar de novo o belo mundo do além: "meu guia disse: deves retornar agora a teu corpo e mais uma vez viver entre os homens, mas se tiveres mais atenção com tuas ações, então terás, após tua morte, teu lar entre estes espíritos bem-aventurados que agora vês... Quando me disse, hesitei muito em retornar novamente ao meu corpo, estava encantado pela beleza do local que vi e da comunidade que lá observei. Não ousei, porém, contrariar meu guia e encontrei-me, não sei como, de repente, de novo vivo entre os homens". Beda conclui seu relato com a observação: "não muito tempo depois, abandonou todas as obrigações mundanas e entrou no mosteiro de Melrose".

As experiências de quase morte não devem ter contribuído pouco para a continuação da esperança de um Paraíso do Além. Não são, obviamente, prova de uma continuação de existência feliz após a morte, pois permanece a dúvida sobre a realidade disso que as pessoas admiradas viram, bem como, evidentemente, a pergunta, se travaram contato de fato com o outro mundo, uma vez que não haviam morrido realmente.

A abolição oficial do espaço intermediário do Paraíso

Os relatos de visão anteriores mostraram campos cada vez mais floridos com flores perfumadas, povoados de multidões de almas vestidas em um branco brilhante, que esperam, entre muros cobertos de pedras preciosas, em diferentes zonas de magnificência cada vez maior, pela ressurreição de seus corpos no Juízo Final. Essa representação ainda hoje permanece — é o que parece — no ritual de enterro cristão. Não só na Igreja Oriental reza-se pela entrada do falecido na "tenda de luz", no "local de descanso" (liturgia de São Crisóstomo) ou pela sua admissão no "seio de Abraão", no "local verdejante com águas frescas" ou ainda no "paraíso da glória" (liturgia de São Basílio). Também na missa de corpo presente da Igreja Católica ouve-se a oração que o padre dirige a Deus pela alma do(a) falecido(a): "que os santos anjos a recebam e a conduzam ao lar do Paraíso" (*jubeas eam a sanctis angelis suscipi et ad patriam paradisi perduci*). Da mesma forma se encontra nas preces no túmulo: "que os anjos o conduzam ao Paraíso" (*in paradisum deducant te angeli*) ou "que [as almas dos mortos] descansem em paz" (*requiescant in pace* = R.I.P.), razão pela qual chamamos o cemitério às vezes "lugar de descanso". Em outras orações fala-se de um "local de alívio, de luz e de paz" (*locus refrigerii, lucis et pacis*), sendo que a expressão latina *refrigerium*, do latim (*re*)*frigerare* = "resfriar", normalmente faz pensar num alívio aos tormentos do Purgatório, mas na verdade apenas quer dizer o ato de refrescar-se, sendo que o frescor promove associações agradáveis nos quentes países meridionais. E, quando se fala de "luz eterna" que "deve iluminar" os falecidos (*Lux æterna luceat eis*), deve-se também remeter àquele local que, conforme os relatos dos visionários, é preenchido de um brilho radiante.

Essas fórmulas antiqüíssimas no ritual do enterro escondem, contudo, o fato de que a topografia do Além se alterou radicalmente desde os séculos XII e XIII, pois, sob a influência dos teólogos da Escolástica, a Igreja Ocidental rejeitou, após controvérsias violentas, o ensinamento desde então predominante e representado ainda hoje em dia pela Igreja Oriental de um local intermediário, ainda longe de Deus, embora agradável, para as almas dos fiéis mortos. Embora já no ano de 1331 a antiga versão tivesse sido substituída por um papa, João XXII, foi seu sucessor, o papa Bento XII, quem definiu em 1336 na bula *Benedictus Deus*, como dogma, que as almas dos cristãos mortos sem pecado imediatamente iriam para o Céu após julgamento individual, portanto, antes da ressurreição no advento de Cristo. Seriam já participantes da *visio beatifica*, a bem-aventurada visão de Deus, na comunhão com os anjos e todos os santos. Esse ensinamento foi aceito, um século depois, pelo Concílio de Florença, no ano de 1439.

Não foi totalmente sem influência desse desenvolvimento que houve a concretização do ensinamento do Purgatório, transcorrida em paralelo. Segundo ela, os pecadores podem obter o perdão divino no sacramento da penitência, contudo sua alma precisa percorrer, após a morte, um processo de purificação doloroso, antes que seja admitida no Céu. Os primeiros autores cristãos tinham já falado da necessidade de uma purificação de cura e de um amadurecimento das almas após a morte, sem, porém, desenvolver representações mais precisas sobre o onde e o como. Então se começou a localizar esse fenômeno de uma forma mais clara. Associou-se o *purgatorium* a um lugar específico, que alguns teólogos supunham ser um mundo inferior ao lado ou acima do Inferno; outros, numa região disposta no alto, acima da Terra.

Portanto, havia somente três lugares no Além: para alguns, o Inferno, destinado aos mortos em pecado; para outros, o Céu, que as almas daqueles que tinham vivido sem pecado atingiam, por assim dizer, em vôo direto, para gozar lá imediatamente a perfeita visão de Deus e, finalmente, para outros, o Purgatório, destinado às almas daqueles que morreram reconciliados com Deus e ainda necessitavam de purificação. Deveriam ficar lá por algum tempo para sofrer, mas já podiam ter a esperança de um dia chegarem ao Céu. As almas de todos esperam, porém, pela reunificação com seus corpos na ressurreição comum no Tribunal do final dos tempos, depois do qual somente haverá Céu e Inferno.

O Jardim do Éden e o Paraíso Celeste em Dante

Dante Alighieri (1265-1321), que influiu de maneira incomparável na formação das imagens ocidentais do Além dos séculos seguintes, já estava no território da doutrina propagada pelos teólogos escolásticos. Como a divisão em três de sua *Divina comedia* mostra, havia para ele somente o Inferno (*L'Inferno*), o Purgatório (*Il Purgatorio*) e o Céu, que nomeia, algo que equivocadamente, como *Il Paradiso*. Cita também o Paraíso original, o Jardim do Éden, que, para ele, se situa no cume da montanha que forma o Purgatório, mas não é visto, porém, como habitado por almas que esperam pela completude. Nesta organização de sua "paisagem do Além" de três partes, Dante já se baseia nas versões da filosofia escolástica, recém-desenvolvidas em sua época, embora se permitisse todo tipo de liberdades poéticas para concretizar sua forma.

As visões cosmológicas da Escolástica eram formadas pelo sistema do antigo geógrafo Ptolomeu, que, desde o século II, ao menos entre os eruditos, tinha substituído a antiga representação da Terra como um disco com o Céu acima e o Mundo Inferior abaixo. Assim, Dante também se baseia na forma esférica da Terra, imóvel, no ponto central do Universo. É envolvida por esferas vazias na parte superior de sua atmosfera e em uma das Zonas de Fogo que a cerca, os nove céus que circundam a Terra numa velocidade crescente à medida que se sobe. São as esferas dos sete planetas, entre os quais também se contam o Sol e a Lua, bem como o Céu de Estrelas Fixas e o Céu de Cristal. Só acima desse último o Empíreo se envolve numa paz eterna como morada de Deus, o Céu propriamente dito, que Dante trata na terceira parte de seu poema, o *Paradiso*.

Quanto à Terra, a superfície do Hemisfério Norte era habitada; a do Sul era coberta pelo Mar Oceano, inacessível para os humanos vivos. O ponto central e culminante da superfície terrestre habitada era o "Monte Sião" de Jerusalém, a fronteira no Oriente era formada pelo Ganges e no Ocidente, pelas "Colunas de Hércules", próximo a Cádiz. Abaixo está o Inferno, que tem a forma de uma cratera afunilada que se estreita num seqüência de terraços circulares (os círculos do Inferno) cada vez mais estreitos à medida que se desce, até se chegar ao ponto central da Terra. No Hemisfério Sul se levanta, numa ilha no Mar Oceano, a Montanha da Purificação do Purgatório. Diferentemente do funil do Inferno que conduz, para baixo, até o centro da Terra, ele se levanta em forma de um cone, formado de uma seqüência de terraços também circulares que se elevavam gradualmente, cada vez menores, até atingir a atmosfera terrestre na borda superior. Em seu pico estende-se ao longo o Jardim do Éden, o Paraíso terrestre, no qual Adão e Eva teriam ficado um dia.

Quando Dante chega ali em sua caminhada pelo Inferno e pelo Purgatório, encontra o Jardim do Éden — o que ocorre no vigésimo oitavo canto por volta do fim da segunda parte de seu poema —, que, como lugar de inocência, está situado significativamente entre o final do caminho da purificação e a entrada do

19. Gustave Doré, *Dante chega ao Paraíso*, 1868.

céu. É um bosque santo em cuja folhagem movimentada por uma brisa suave cantam os pássaros e que nenhuma intempérie pode atingir. As plantas crescem sem semeadura e, ao contrário da Terra, as águas correm constantemente, sem oscilações provocadas pelas estações do ano, como as causadas na Terra pela quantidade alternante de precipitações pluviais, uma vez que vinham de uma fonte inesgotável, alimentada pelo desejo de Deus. Dividiam-se em dois rios, em cuja água as almas dos mortos se purificavam das últimas escórias terrenas: Lete tira-lhes a lembrança de seus pecados, enquanto Êunoe invocava todos os bons atos no seu pensamento, de modo que, para elas, a ascensão ao Céu propriamente dito se tornava possível. O caminhante não encontra lá nenhuma alma, pelo contrário, vê nos restantes cinco cantos do Purgatório, em imagens simbólicas, que lembram o Apocalipse de João, o trajeto da Igreja Cristã ao longo da história, até que possa se banhar no rio Êunoe, para estar preparado para o que se segue.

Em sua representação do Céu na terceira parte de seu trabalho que chama de *Il Paradiso*, Dante descreve inicialmente sua ascensão, por entre as nove esferas dos astros além da Zona de Fogo. Vê como as almas dos bem-aventurados são distribuídas conforme o grau de seus méritos, que mede sua capacidade de se apresentar a Deus, em diferentes esferas, que giram mais próximas ou mais distantes da divindade. Na porção mais exterior dessas esferas, o Céu de Cristal, vê os nove coros dos anjos antes de lhe ser concedido finalmente o acesso ao Empíreo, onde pode ver os bem-aventurados em sua forma humana que assumirão corporalmente somente no Juízo Final. São agrupados na forma de uma rosa gigante em volta de um lago de luz, reflexo de um raio de luz saindo de Deus, que brilha na superfície do Céu de Cristal, situado abaixo do Empíreo. Sobre a rosa, Maria, a mãe de Deus, está sentada no trono com os santos principais do Velho e do Novo Testamento, bem como os da Igreja, enquanto alguns lugares vazios estão reservados aos santos que ainda não nasceram. No último dos cantos do *Paradiso*, Dante relata finalmente uma breve visão que lhe foi concedida sobre a Santíssima Trindade. Vê-a na forma de três círculos de cores distintas, irradiando, no segundo, a luz do primeiro e, no terceiro, a luz do segundo, à maneira de um arco-íris.

Desde a Reforma: um céu paradisíaco

Pertence à doutrina do Purgatório, também, a idéia de que o processo de purificação na Outra Vida poderia ser atenuado e encurtado por meio de obras das penitências que se apresentavam já nesta vida. Daí se desenvolveu o argumento de que a Igreja poderia conceder as assim chamadas indulgências aos fiéis que realizassem determinadas ações (orações, romarias ou contribuições em dinheiro para construção de igrejas), a partir do "tesouro" dos méritos excedentes de Cristo e dos santos, com o qual poderiam ser beneficiados eles mesmos ou os mortos no Purgatório. Além disso, por causa dos inconvenientes colaterais (por exemplo, a venda das indulgências), o Purgatório foi negado pelos reformadores, que invocavam a redenção dos homens apenas pela fé.

Para aos reformadores obviamente se punha a questão do que deveria acontecer com as almas dos mortos entre a morte do indivíduo e o Juízo Final quando da ressurreição dos mortos. Os luteranos negavam, na maior parte das vezes, a concepção de que as almas caíssem num sono profundo, livre de tormentos, e também sem consciência, como testemunha o famoso coral de Bach na "Paixão segundo João": "Ah, Senhor, faz teu querido anjinho/ no final de tudo minha alma/ levar para o seio de Abraão!/ O corpo em seu quartinho de dormir/ bem docemente sem qualquer tormento ou pena/ dormir até o Juízo Final!". Calvino, em contrapartida, acreditava que a alma não dorme, mas descansa numa paz perfeita com plena certeza da salvação. Outros teólogos representaram a versão de que o homem não existe entre a morte e a ressurreição. O protestantismo moderno se expressa perante o assunto inteligentemente com reservas. O *Catecismo de adultos evangélicos* (edição em alemão de 1989, p. 1323) aponta para o fato de que os autores bíblicos podem falar sobre os acontecimentos após a morte apenas em forma de imagens: "fizeram-no por meio de imagens muito distintas, que estão parcialmente em tensão uma com a outra. Se Paulo pôde em Fm 1: 23 pensar que estaria, imediatamente após a morte, ao lado de Cristo, fala em outro lugar da ressurreição dos mortos somente no Juízo Final (1 Co 15: 20 ss; 2 Ts 15: 5). Um equilíbrio de pensamento entre esses dizeres não é dado no Novo Testamento, pois as obras de Jesus na Ressurreição destroem nossas representações de tempo".

No que diz respeito ao Céu que está iminente aos bem-aventurados, Melanchthon afirma, por ocasião do credo de Augsburg de 1530, que o ensinamento sobre "a vida eterna e a alegria eterna" não oferece nenhum ensejo para controvérsias. De fato, quase não houve versões distintas entre protestantes e católicos da Contra-Reforma.

A verde sala de espera à margem da Jerusalém celestial tinha desaparecido em ambas as confissões, mas o mundo de imagens associado a ela integrava as representações do Céu. Embora tanto os autores católicos quanto os protestantes enfatizem que a felicidade dos ressuscitados consiste na visão de Deus, da mesma forma eram unânimes quanto ao fato de que a alegria dos bem-aventurados se intensificava com o olhar de um mundo renovado, pois lá haveria, como outrora no Jardim do Éden, também plantas e animais e todos os elementos, porém em uma perfeição transformada, mais maravilhosa. Citava-se, assim, preferentemente, o apóstolo Paulo, segundo o qual até as criaturas não-humanas participariam de uma forma de ressurreição na vida eterna: "a ardente expectativa da criação aguarda a revelação dos filhos de Deus... na esperança de que a própria criação será redimida do cativeiro da corrupção, para a liberdade da glória dos filhos de Deus, porque sabemos que toda a criação a um só tempo geme e suporta angústias até agora" (Rm 8: 19-22).

Assim, no cristianismo atual, fala-se indistintamente da entrada dos mortos "no Paraíso" ou "no Céu", pois, com essas palavras, como já outrora Santo Agostinho o supôs, querem dizer a mesma realidade.

JULGAMENTO E PARAÍSO NO ISLÃ

O ALCORÃO ACEITOU consideravelmente as tradições judaicas e cristãs sobre a estada de Adão no Paraíso e a sedução do primeiro casal humano por Satã (árabe *šaytân*), mas sem mencionar um pecado original. Os homens perderam de fato aquele paraíso, mas obtiveram a promessa de uma salvação futura, a saber, de uma "condução correta". Desde o início da história, essa lhes seria oferecida como o "Islã", isto é, a dedicação à vontade de Deus, pelos diferentes profetas, entre eles Abraão, Moisés, Jesus e, por fim, Maomé, ponto máximo das revelações. Um tema central para Maomé é o julgamento futuro, o qual ele sempre retoma. Fala-se no Alcorão — como nos evangelhos e no Apocalipse de João — de uma grande catástrofe cósmica no final dos tempos: queda das estrelas, terremotos e inundações da terra pelo mar. As pessoas entrarão em tal pânico que até — coisa nunca antes vista pelos árabes — as camelas com crias de dez meses são abandonadas (Sura 81: 4). Toques de trombeta anunciam o início do julgamento e os ossos dos mortos se juntarão; sua ressurreição é entendida como uma "nova criação", da mesma forma que no cristianismo (Sura 17: 49-52). No julgamento, é apresentado um livro, no qual dois anjos enumeram todos os atos dos homens. "Então quem o houver feito, um peso de átomo de bem o verá. E quem o houver feito, um peso de átomo de mal o verá"

(Sura 99: 7-8). Conforme o resultado, os justos entrarão nos jardins do Paraíso e os malfeitores serão lançados no Inferno, a Geena. Ambos os locais se encontram acima da Terra, no Céu.

Um jardim de alegrias

A felicidade dos bem-aventurados é mencionada no Alcorão em mais de cem passagens. Discute-se entre os teólogos muçulmanos se o Paraíso é idêntico ao jardim em que Adão ficou originalmente. De qualquer maneira, *janna* (bosque ou jardim), a denominação freqüente para *firdaus*, significa o Paraíso, um local fresco e cheio de sombras, cujas entradas são asseguradas por meio de portões (Sura 3: 133) e atravessam-lhe os quatro regatos. Um deles conduz água pura, outro leite que nunca estraga, o outro traz vinho que não embriaga e um quarto mel perfumado e saboroso (Sura 47: 15; 83: 25-28). Os que entraram no Paraíso são equipados com pulseiras de ouro e pérolas e com trajes de seda e brocado, para fazer um banquete sobre almofadas macias, ao lado das fontes e regatos e sob as árvores umbrosas cheias de frutas deliciosas, enquanto moças de olhos grandes, belas e eternamente virgens, as "huris", lhes servem. Não se menciona, entretanto, em nenhuma passagem do Alcorão, quais prazeres especiais são destinados à metade feminina da humanidade.

A tradição islâmica sabe ainda relatar mais detalhes. O Paraíso teria, assim, oito portões que abrem o acesso para seus oito pisos. Cada chave de portão é equipada com três dentes: um significa o reconhecimento da unidade de Deus; o segundo, a obediência perante Deus, e o terceiro, a abstenção de toda a injustiça. No Paraíso, assim continua, dominará uma eterna primavera, de brilho irradiante, e se ouvirá uma música maravilhosa que provém não somente de anjos e aves, mas também das colinas e das árvores. A melodia mais bela viria, porém, da voz de Alá quando recebe os eleitos.

Esse paraíso, evidentemente um retrato dos oásis cheios d'água no meio do deserto mesquinho, corresponde ao ideal de tranqüilidade e de ócio no mundo masculino oriental. O fato de os eleitos não irem, como na cristandade, em algum momento até Deus no Céu propriamente dito, atribui-se às vezes à extrema ênfase no poder absoluto e na intangibilidade de Alá. Entretanto, a representação aparentemente muito ingênua e sensual do Paraíso no Alcorão é corrigida ao menos pelos místicos islâmicos, que preferem partir dela para dizer que a verdadeira felicidade do fiel nasce da visão de Deus. Invocam, para tal, por exemplo, a sura 75: 22-23, onde se fala das "faces rutilantes de seu Senhor olhadoras", ou a sura 10: 9-10, que se refere a um louvor a Deus "nos jardins da delícia, aí sua súplica será: glorificado sejas, ó Alá! e nelas sua saudação será: 'Salam!' [paz] E término de sua súplica será: louvor a Alá, O Senhor dos mundos!'". Também se lê no Alcorão: "E nenhuma alma sabe o que lhes é oculto do alegre frescor dos olhos, em recompensa do que fizerem" (Sura 32: 17), razão pela qual as antigas tradições afirmam que Alá teria preparado recompensas que "nenhum olho viu e nenhum ouvido ouviu". Segundo uma tradição, os habitantes do Paraíso lhe devem fazer uma visita toda sexta-feira. Os homens sob a condução de Maomé e as mulheres, conduzidas por sua irmã Fátima, atravessariam então o Céu até onde se eleva o véu da luz, e Deus apareceria a seus hóspedes como quando surge a lua cheia.

A seita mística dos sufis está convencida de que a visão de Deus transmite a mais alta alegria. Consideram reais, porém, também as alegrias descritas no Alcorão, mesmo quando as colocam num outro plano de existência, diferente do terreno. O grande teólogo islâmico al-Ghazali (1058-1111) lida com a dificuldade, ensinando que as recompensas dos homens no Paraíso seriam conforme suas aptidões de natureza sensual, simbólica ou espiritual.

Enquanto o Alcorão se expressa sobre Paraíso e Inferno com grande minúcia, foram necessários detalhamentos tardios sobre o que ocorre entre a morte de cada indivíduo e o Juízo Final. Partiu-se de um verso do Alcorão que diferencia entre uma "punição mais próxima" e uma "punição maior" (Sura 32: 21), bem como de uma indicação do exame dos mortos por meio de dois anjos logo depois de sua morte (Sura 50: 17-19). Assim, bem cedo se supôs que as almas dos mortos experimentariam previamente, já na sepultura, o gosto do Paraíso e do Inferno, visto que lá esperam em alegria ou temerosas o dia do julgamento.

Diferentemente dos fiéis comuns, que teriam de esperar ao julgamento do final dos tempos em sua sepultura, os "mártires" mortos na guerra santa chegam, porém, ao Paraíso logo após sua morte, segundo a convicção islâmica geral. Invocam-se, para tal, algumas passagens do Alcorão, nas quais é dito: "E não suponhas que os que foram mortos no caminho de Alá estejam mortos; ao contrário, estão vivos, junto de seu Senhor e [por Ele] sustentados" (Sura 3: 169), "E não digais dos que são mortos no caminho de Alá: 'eles estão mortos'. Ao contrário, estão vivos, mas vós não percebeis" (Sura 2: 154), "E a ambos Alá promete a mais bela recompensa e Alá prefere os lutadores aos ausentes, dando-lhes magnífico prêmio" (Sura 4: 95), bem como: "E aos que são mortos no caminho de Alá, Ele não lhes fará sumir as obras [isto é, ele não deixa suas obras perderem-se]. Guiá-los-á e emendar-lhes-á a condição e fá-los-á entrar no Paraíso que Ele os fizera conhecer" (Sura 47: 4-6).

20. *Viagem celeste de Maomé, com seu animal alado metade humano, metade cavalo*. Miniatura turca.

A viagem celeste de Maomé

A partir de um sucinto verso do Alcorão: "Glorificado seja Quem fez Seu servo [Maomé] viajar à noite — da Mesquita Sagrada para a Mesquita Al-'Aqsâ [a mais distante]" (Sura 17: 1), atribui-se na tradição islâmica uma viagem celeste ao profeta Maomé, assim como aconteceu com as personagens Enoque e Elias, do Velho Testamento, segundo a qual o anjo Jibril (Gabriel) o teria conduzido, ainda em seu tempo de vida, sobre um animal de montaria extraterreno inicialmente de Meca a Jerusalém e, então, pelos sete céus. Diz a tradição que teria visto o Paraíso no sétimo céu, o mais alto, sobre o qual se encontrava o trono de Alá.

Por esse motivo Jerusalém — em árabe El Kuds — é considerada uma cidade sagrada para os muçulmanos. O Monte do Templo, que ali está, é identificado tanto na tradição judaica quanto na islâmica com o monte Moriá, sobre o qual Abraão deveria sacrificar seu filho. Aí deve ter sido outrora o Paraíso, para onde os anjos toda noite descem para fazer cânticos de louvor a Deus. Conta-se também que o rochedo no antigo templo judaico teria rachado quando Maomé fez sua viagem celeste, visto que ele quis seguir o profeta aos céus, mas foi impedido por Gabriel. Com base nessa passagem, o califa Abd-al-Malik construiu entre 689 e 691 uma mesquita exuberante, intitulada Cúpula do Rochedo.

21. *O senhor mogul Bâbûr na construção de um "jardim do Paraíso"*. Miniatura cerca de 1600.

A cultura islâmica do jardim

Não podemos concluir este capítulo sem apresentar os jardins nos países islâmicos que, com suas piscinas e canais, seus chafarizes e pavilhões de mármore, ofereciam uma antevisão das alegrias a serem esperadas no Paraíso. Alguns desses magníficos parques foram ainda mantidos, de sorte que podemos ao menos vislumbrar algo de sua exuberância de outrora, algo como no Palacio del Generalife, em Granada, acima da Alhambra e — noutro extremo do mundo islâmico — nos maravilhosos jardins mogul de Lahore, Agra, Srinagar ou no "Forte Vermelho" em Delhi. Lá o grão-mogol regente no século XVII, Shah Jahan, construtor do Taj Mahal, mandou colocar a inscrição no frontispício do salão de audiência, voltado para o jardim: "se há um paraíso sobre a Terra, é aqui, é aqui, é aqui!".

ANEXO:
A ESPERANÇA DOS TEMPOS PARADISÍACOS SOBRE A TERRA

O PANORAMA PRÉVIO sobre as esperanças de um paraíso ou de um céu parecido com o Paraíso na outra vida seria incompleto sem a referência da esperança de um salvador que traria já neste mundo uma época de paz e de bem-estar. Essa representação, que se encontra em muitas culturas, se tornou, nos tempos de crise social e econômica, um consolo para os oprimidos e explorados e, não raro, até uma justificativa do uso da violência para acelerar a irrupção do tempo de salvação.

Por exemplo, em algumas revoltas camponesas na China, a figura do futuro buda Maitreya desempenhou um papel importante. Muitos dos budistas do Extremo Oriente acreditavam que Maitreya (em sânscrito: "o cheio de amor") apareceria um dia sobre a Terra, quando o zelo do ensinamento do buda histórico Sakyamuni estivesse esfriado, e, como sucessor dele, introduziria uma época de justiça social. Da mesma forma, o budismo tibetano narra coisas maravilhosas do país de Shambhala, um reino mítico em algum lugar ao norte, no qual o ensinamento puro de Buda fora preservado numa sucessão de 32 reis. Quando a decadência de todos os valores tivesse atingido o seu ponto mais profundo, dizia-se que o último desses reis apareceria, com um grande exército, para aniquilar o Mal e fundar uma época de ouro.

O islã conhece também personagens redentores no final dos tempos que podem personificar-se, em tempos de crise política e social, na figura de um comandante carismático de grandes massas humanas. Entre os xiitas, seria o Imã Oculto, um iluminado de Deus que virá ou retornará no final dos tempos, para erigir o reino de Deus. Ou se espera o Mahdi (em árabe, o Enviado), que sob a direção de Deus eliminará a desunião do Islã e reconstruirá uma única comunidade de todos os fiéis, na qual a mensagem do Alcorão será anunciada na sua forma pura.

O messianismo judaico

Também no interior da tradição judaico-cristã houve e há ainda hoje esperanças parecidas. Um escrito judeu do século I d.C. dizia de uma época de quatrocentos anos acompanhada do Messias, na qual os filhos de Israel, que haviam sobrevivido aos horrores das perseguições anteriores, já poderiam gozar de situações paradisíacas. Só depois se implantaria a verdadeira transformação, algo como uma nova criação, que, ao contrário da época messiânica, ficaria no campo transcendente de Deus (IV Esdr. 7).

Esse reino de paz seria descrito explicitamente noutra passagem, no Apocalipse de Baruque, surgido no início do século II d.C.: "Depois que ele [o Messias] tiver humilhado tudo no mundo e se assentar para sempre em paz no seu trono real, lá se revelará a glória e a paz virá. Então descerá no orvalho a saúde e a doença se retirará. E entre os homens sumirão a preocupação, os gemidos, a aflição, e a alegria caminhará por sobre toda a Terra. E ninguém morrerá antes do seu tempo e nunca aparecerá, de repente, nada de adverso... os animais selvagens virão da floresta e servirão ao homem; víboras e dragões rastejarão de suas covas e se deixarão manejar pelas criancinhas. As mulheres não terão dores nos seus partos e já não padecerão tormentos quando trouxerem ao mundo o fruto de seu ventre. Naqueles dias, os ceifadores não se fadigarão, quem lavra não se esfalfará. Por si só o trabalho se realizará... pois aquele tempo será o final do que é passageiro e o início do que é duradouro..." (Bar. sir. 73-74). A citação deixa claro que o tempo paradisíaco da paz é visto como uma época ainda nesta vida, uma vez que ainda existe a morte, embora nenhuma seja prematura, por doença ou por violência.

Para a cristandade que surgia, tais representações não foram de forma alguma desconhecidas – talvez isso seja pouco divulgado. Apoiavam-se em uma passagem do Apocalipse de João considerada por nós, hoje, estranha.

A *anunciação do reino de Cristo de mil anos*

Enquanto os evangelhos falam somente das aflições do final dos tempos que precedem o Juízo Final (Mt 24; Mc 13; Lc 21; da mesma forma 2 Pe 3: 7-13), o Apocalipse de João fala de uma luta final entre Cristo e Satã em duas fases. Numa primeira batalha, na qual Satã (sob a forma de uma "besta") é vencido por Cristo (o cavaleiro) e lançado vivo no lago que arde com enxofre (Ap 19: 19-21 e 20: 1-6), segue um interregno de mil anos, que o visionário descreve da seguinte forma: "Então vi descer do céu um anjo; tinha na mão a chave do abismo na grande corrente. Ele segurou o dragão, a antiga serpente, que é o diabo, Satanás, e o prendeu por mil anos; lançou-o no abismo, fechou-o, e pôs selo sobre ele, para que não mais enganasse as nações. Depois disto é necessário que ele seja solto pouco tempo... Vi ainda as almas dos decapitados por causa do testemunho de Jesus, bem como por causa da palavra de

22. Albrecht Dürer, *O anjo com a chave do abismo*,
xilogravura para o Apocalipse de João, 1498.

Deus... e viveram e reinaram com Cristo durante mil anos. Os restantes dos mortos não reviveram até que se completassem os mil anos. Esta é a primeira ressurreição. Bem-aventurado e santo é aquele que tem parte na primeira ressurreição; sobre esses a segunda morte não tem autoridade; pelo contrário, serão sacerdotes de Deus e de Cristo, e reinarão com ele os mil anos" (Ap 20: 1-6). Apenas depois desses mil anos Satã será novamente libertado e reunirá os povos de Gogue e Magogue dos quatro cantos da Terra para sitiarem a cidade dos eleitos, mas será vencido e lançado para sempre no lago de fogo e enxofre. Então ocorre a segunda ressurreição, que reunirá todos os vivos e mortos perante o trono de Deus onde cada um será julgado segundo as suas obras (Ap 20: 7-15). Depois disso, descerá a Nova Jerusalém do Céu e iniciará a vida eterna (Ap 21 e 22: 1-5). O Apocalipse de João conhece, portanto, um longo período, que se encontra antes do fim definitivo da história, no qual Cristo dominará a Terra com aqueles fiéis que tinham provado ser justos na perseguição anterior, promovida pelos seguidores da "Besta". Foram aproveitadas evidentemente representações de um final dos tempos em duas fases, como eram difundidas no judaísmo do tempo de seu surgimento.

Os teólogos cristãos primitivos entendiam a declaração no Apocalipse de João sobre o reino iminente de Cristo na Terra quase sempre de maneira literal. Somente alguns, entre eles Orígenes, se voltavam contra isso. Os outros contavam com uma renovação cósmica total da Terra, que concederia uma existência verdadeiramente paradisíaca aos mártires ressuscitados dentre os mortos sob o justo e misericordioso domínio de Cristo numa natureza em que transbordavam frutos e ricas colheitas durante mil anos. O já muitas vezes citado bispo Irineu de Lyon (morto por volta de 202) enfatizava de maneira explícita: "nada deve ser interpretado alegoricamente", pois a nova vida dos eleitos no reino messiânico deveria ser

23. *O julgamento final*. Crônica mundial de Schedel, 1493.

entendida precisamente de forma tão real quanto o foram os sofrimentos de sua perseguição pelos governantes pagãos.

Somente santo Agostinho (morto em 432), que viveu num tempo em que o cristianismo tinha feito as pazes com a autoridade pública romana, trouxe, próximo ao fim de sua vida, uma outra versão de validade geral. Depois de confessar que ele mesmo havia entendido, inicialmente, as afirmações do Apocalipse ao pé da letra, deu-lhes, então, uma nova interpretação em sua grande obra sobre a "Cidade de Deus". A fala sobre o aprisionamento do dragão por mil anos no Apocalipse significaria, assim, nada mais do que uma limitação do poder de Satã, impedindo-o de conduzir ao erro os povos que formam então a igreja de Cristo. Pela "primeira ressurreição" da qual fala João, entende-se o batismo no qual as almas dos fiéis experimentam uma ressurreição espiritual. O reino de mil anos seria, portanto, idêntico à Igreja, na qual os fiéis dominam com Cristo, de modo que a indicação temporal não deve ser entendida de maneira literal, mas simbólica, ou seja, como um número perfeito que expressaria a plenitude espiritual desse intervalo de tempo.

Os "entusiastas"

O ensinamento de Agostinho, que orientava a espera apocalíptica simplesmente para o retorno definitivo de Cristo no Juízo Final e transferia totalmente para a outra vida a bem-aventurança dos fiéis e dos justos, permaneceu, a partir de então, como a doutrina oficial da Igreja. A espera de um tempo de felicidade por mil anos aqui na Terra caiu no esquecimento e emergiu, de tempos em tempos, somente em algumas erupções febris. Fala-se, nesses casos, de "quiliasmo" ou "milenarismo" (do grego *chilia* ou do latim *mille* para "mil"), expressão que se refere à duração de tempo prevista. Tem pouco ou nada a ver com os pretensos medos do "milênio", a saber, os anos 1000 e 2000 do calendário, que na contagem do fim do mundo certamente nunca desempenharam um papel importante.

O bispo Gregório de Tours narra, já por volta do ano de 590, um movimento popular que se transformou numa revolta contra a ordem estabelecida, sob a invocação do reino de Deus. Por volta de 1100 sobressai um certo Tanchelm que se proclamou "anjo do Senhor" na região de Antuérpia, abalada por agitações camponesas, e praguejou contra os párocos indignos, as construções eclesiásticas dispendiosas e os dízimos devidos à Igreja. Era rodeado de doze discípulos, vestia-se com um traje dourado e trazia na cabeça um diadema. De maneira semelhante, um bretão de nome Eudes concentrava em torno de si, em meados do século XII, no Oeste de França, grandes multidões, que perambulavam saqueando os bens das igrejas. Descrevia-se como salvador dos últimos dias e como o filho de Deus, "que virá, para julgar os vivos e os mortos pelo fogo". Também pregou a vinda em breve de Cristo, vestia-se com roupas vistosas e promovia grandes banquetes e danças como sinal da proximidade do reino dos Céus.

No século XV houve também uma vertente quiliasta entre os tamboritas, a ala radical do movimento hussita. Esperava a volta corporal de Cristo sobre uma montanha da Boêmia que, então, foi chamada de Tabor. Lá festejariam grandes bodas de casamento com os eleitos que durante mil anos não mais morreriam e cujas mulheres dariam à luz sem dores. Em 1476, um jovem pastor, Hans Böhm, vulgo flautista de Niklashausen, divulgou ensinamentos semelhantes no bispado de Würzburg com enorme afluência da população. Invocava uma revelação de Maria, segundo a qual a salvação de toda a humanidade partiria de sua aldeia, localizada no curso inferior do rio Tauber, como a "Nova Jerusalém", e predizia uma sociedade igualitária de irmãos, sem diferenças de posse entre nobres e camponeses.

Aos partidários desses movimentos sempre foram atribuídos desvios das normas sexuais vigentes. Afirmava-se que repudiavam o matrimônio e falava-se de uma promiscuidade irrestrita. Chamavam-nos também de "adamitas" porque, sob invocação da situação original dos pais primevos, faziam suas reuniões numa nudez paradisíaca, o que, supostamente, sempre terminava em orgias. De outras correntes, dizia-se que recomendavam o *Coitus reservatus*, isto é, a relação sexual sem orgasmo, para, deste modo, imitarem o erotismo sublime de Adão e Eva antes do pecado original. As informações dessas doutrinas são, porém, incertas, pois na maioria das vezes foram organizadas por clérigos da Igreja oficial.

Isso vale também para o conteúdo real das expectativas especificamente quiliastas nos anabatistas, movimento religioso de despertamento, com componentes parcialmente sociais e revolucionários, que se espalhou durante as guerras camponesas (por volta de 1525), na Alemanha e nos Países Baixos. Esses entusiastas (*Schwarmgeister*), como Lutero os chamava, foram convencidos da proximidade do Juízo Final e pregavam que a aceitação no círculo dos eleitos somente se garantiria por meio da volta da pureza e da simplicidade dos primórdios do cristianismo primitivo com comunidade de bens e igualdade fraterna. Embora vários deles, como Thomas Müntzer, quisessem eliminar a ordem social vigente "não-cristã" por meio da violência para acelerar a irrupção do reino de Cristo sobre a Terra, somente grupos menores contavam com um reino terreno de Deus que antecipasse o Julgamento Final.

A este grupo pertenciam os anabatistas que proclamaram o "reino de Sião" na cidade de Münster, na Vestfália, nos anos de 1534-35, como se depreende claramente dos escritos ainda conservados do teólogo Bernhard Rothmann, abalizado no assunto. Nos Países Baixos, Jan van Leyden se proclamou "filho de Davi", coroando-se rei de todo globo terrestre, rodeou-se com uma corte suntuosa e tentou caprichosamente conter a população com danças e peças teatrais religiosas. Reintroduziu também a poligamia, com base no modelo dos patriarcas bíblicos, para aumentar o número de eleitos o mais rapidamente possível. Por meio de sua irradiação carismática trouxe seus partidários para resistir, durante dezesseis meses, ao cerco feito por um exército enviado por príncipes católicos e protestantes. Seu corpo foi enforcado junto com os de dois outros comandantes, Knipperdolling e Krechting, na torre oeste da Igreja de Lamberti, em três jaulas, que ainda hoje podem ser vistas.

Também no judaísmo algumas vertentes voltaram a se notabilizar durante toda a Idade Média, as quais propalavam a chegada em breve do Messias e um reino de felicidade e de liberdade erigido por ele — expectativas que encontram adeptos no círculo ultra-ortodoxo de Nova York ou de Jerusalém até os nossos dias. No cristianismo, a esperança do reino de Cristo de mil anos sobreviveu em alguns grupos, por exemplo, nos Adventistas, nas Testemunhas de Jeová e tanto na Igreja Católica Apostólica quanto na Neo-apostólica.

Os mórmons, que se denominam "Igreja de Jesus Cristo dos Santos dos Últimos Dias", crêem também num reino de mil anos que Cristo erigirá, em seu retorno, para os justos então ressuscitados. Nele a Terra terá uma nova forma, os continentes se unirão numa única extensão de terra e surgirá um paraíso com um clima agradável. Homens nascerão e morrerão sem doenças nem dor. Todos viverão em concórdia e paz, a paisagem trará ricas colheitas, e o alargamento da indústria e do ensino assegurará a prosperidade de todos, de modo que a todos os homens será possível atingir o maior grau de perfeição espiritual. Só então se seguirá, com a ressurreição de todos os homens que um dia haviam vivido, o Juízo Final mundial, depois de um tempo de aflições, quando a Satã será permitido, mais uma vez, tentar os justos.

O "Novo Mundo" nos Estados Unidos

Dignas de citação nesse contexto são também as influências da Bíblia, sobretudo de seus textos apocalípticos, sobre o sentimento de vida dos atuais norte-americanos. Não se deve esquecer de que os primeiros imigrantes vieram de um país perturbado por conflitos políticos e religiosos, onde a compreensão literal — hoje se diria fundamentalista — dos textos bíblicos era uma evidência.

Para os colonizadores britânicos da América do Norte do século XVII, o território dos futuros estados de Virgínia, Maryland ou Geórgia eram como que um paraíso sobre a Terra, onde "permaneciam traços da inocência original". Ou tomavam os índios pelos últimos pagãos ainda não convertidos ou pelos descendentes das dez tribos de Israel que, segundo o relato da Bíblia, no século VIII a.C., foram deportados da Assíria para o Oeste (2 Rs 17: 6), de onde, então, de forma misteriosa, chegaram à América. Em ambos os casos, sobreviriam, com sua conversão — deduz-se, assim — os últimos tempos.

Muitos dos imigrantes puritanos da Nova Inglaterra estavam repletos de esperanças quiliastas e acreditavam que, com sua colonização, iniciaria uma nova era da história, razão pela qual vários topônimos lembram a geografia bíblica, como Salem, Sharon, Hebron ou New Canaan. Entendiam-se como a "Nova Israel" ou como uma nova "Igreja Primitiva" e se viam como a "vanguarda do exército de Cristo", cujo domínio de mil anos estaria iminente de maneira direta. Jonathan Edwards, cuja pregação nos anos de 1740-44 em toda a América do Norte provocou o assim chamado Grande Despertamento com seu convite à experiência pessoal de fé, estava convencido de que esse acontecimento seria a ação de Deus anunciada nas Sagradas Escrituras para renovar o mundo e a humanidade. Afirmava que a América teria sido descoberta exatamente

24. Jasper F. Cropsey, *O reino de mil anos*, 1854. No quadro desse pintor americano, as situações paradisíacas, tanto na criança que brinca com o leão, quanto nos cervos e no rebanho de ovelhas, numa paisagem tranqüila, aludem à esperança.

O PARAÍSO *201*

por isso, para que Deus pudesse mandar começar lá um novo mundo espiritual, por meio de uma nova criação do Céu e da Terra.

O movimento de renovação religiosa daqueles anos, de fato, não se impôs. Hoje, porém, acredita-se que, de maneira co-causal, se tratava do sentimento nacionalista americano exsurgente naquela época, que se desenvolvia, na seqüência, como "milenarismo patriótico-civil". Numa religiosidade parcialmente secularizada associou-se o anseio do reino de Deus com a mobilização para a liberdade e a democracia, que também exige a luta contra todo o Mal do mundo que ameaça os direitos dos homens e sua "busca da felicidade" (*pursuit of happiness*).

Já em 1759-60, um padre inglês que viajava ainda pelas então colônias britânicas comprovava, para seu espanto, que "uma idéia ao mesmo tempo tão estranha e tão fantástica tinha tomado conta das cabeças de todos os habitantes de lá: que o Império [ou seja, a propriedade do poder organizador global] estava presente, para caminhar do Leste para o Oeste. Cada um vive na expectativa intensa e inocente do momento fatal, quando a América impuser sua lei ao resto do mundo" — uma idéia que evidentemente está mais viva do que nunca, como mostram as discussões atuais sobre a missão imperial dos Estados Unidos na formação da paz mundial.

O terceiro reino do espírito e o moderno otimismo no progresso

Com o desaparecimento das convicções religiosas nos tempos modernos, a ânsia de uma mudança radical das relações políticas, sociais e econômicas encontra novas formas de expressão. Expressa-se agora em vários tipos de ideologias que acenam para a humanidade com um futuro magnífico, quer por meio dos progressos da ciência e da tecnologia, quer ainda por meio de um movimento revolucionário. Como ponto de partida desse desenvolvimento temos hoje um construto teológico que remonta, de fato, ainda à Idade Média, mas que se tornou significativo para os tempos modernos, uma vez que prediz à humanidade um desenvolvimento espiritual de extensão nunca antes vista. Trata-se da teologia histórica de Joaquim de Floris ou de Fiore, morto em 1202, como abade do mosteiro Giovanni de Fiore, na Calábria.

Segundo a interpretação ousada de Joaquim, exposta em seu comentário ao Apocalipse de João, as pessoas da Santíssima Trindade desempenham, cada uma, um papel especial na história da Salvação. A Idade do Pai — Velho Testamento e sinagoga judaica — é definida pela obediência à lei de Moisés; a Idade do Filho — Novo Testamento e Igreja Cristã dos clérigos — permite uma dependência infantil da graça; enquanto a Idade do Espírito Santo, ainda por vir — trazida pelo monarquismo —, se distinguiria pela liberdade e pela quantidade de conhecimento. De qualquer forma, Joaquim não aguardava nenhuma cocanha de mil anos, mas um tempo no qual todos os homens conduziriam uma vida perfeita como a dos monges. Por meio da pobreza voluntária e do desapego interno do mundo se tornariam capazes — pensava Joaquim — de contemplar as verdades divinas, de modo que a presença iluminada do Espírito Santo lhes poderia facultar conhecimentos até então imprevistos.

Por meio dessa visão surpreendentemente otimista do futuro da humanidade, essa compreensão da história diferenciava-se tanto da representação vista na Antiguidade, de uma piora das condições de vida humana da Idade do Ouro para a de Ferro, quanto da versão vigente no cristianismo, segundo a qual o mundo se depararia com catástrofes cada vez maiores com a aproximação do final dos tempos. Joaquim tinha somente contemplado o desenvolvimento espiritual e religioso, mas, por várias vezes, surgia — com ou sem relação com ele —, nos sistemas histórico-filosóficos dos tempos modernos, um modelo de divisão em três, que deveria ser observado no desenvolvimento ascensional do gênero humano. O mais famoso foi a "lei dos três estágios", divulgada por Auguste Comte (1798-1857). Segundo ela, a humanidade caminharia de uma explicação "teológica" de mundo para uma "metafísica" e desta, para uma "positiva", que, por meio da limitação da experiência assegurada "cientificamente", se tornou determinante para o desenvolvimento das ciências naturais e da tecnologia nos séculos XIX e XX.

Jean Delumeau dá uma visão panorâmica, no segundo volume de mais de duzentas páginas da sua *História do Paraíso*, sobre o desdobramento da idéia de progresso na história espiritual dos tempos modernos. Estaria fora dos objetivos deste trabalho detalhar amiudamente todos os autores lá mencionados. Por isso, se pinçam aqui apenas alguns exemplos bastante típicos que deixam claro em que medida — hoje quase inacreditável — estávamos convencidos de que os alvoroços das ciências e da tecnologia conduziriam a uma reviravolta completa nas condições de vidas materiais e espirituais da humanidade.

O Marquês de Condorcet (1743-94), famoso como matemático e algumas vezes presidente da União Nacional Francesa durante a Revolução, esperava que não só a demolição constante dos preconceitos sociais conduziria à paz interior e exterior, mas também contava com tais progressos na medicina, de modo que a vida, embora limitada, pudesse ser aumentada de maneira quase infinita. Outro representante desse modo de ver foi o inglês Joseph Priestley (1733-1804), originalmente um teólogo calvinista, que, como descobridor de elementos químicos e compostos (oxigênio, amoníaco etc.), tornou-se um dos maiores naturalistas de sua época. Cumprimentou a Revolução Francesa de forma entusiástica, vendo-a como um salto para a frente, decisivo para a história da humanidade, e contava com as possibilidades da ciência para produzir prosperidade comum, vida mais longa e maior compreensão interpessoal. Assim, a humanidade poderia esperar por um futuro paradisíaco até então inimaginável.

O cientista das religiões Ernest Renan (1823-92), famoso pela sua *Vida de Jesus*, fala expressamente da sua expectativa de que as esperanças quiliastas dos antigos cristãos sejam realizadas por meio dos sucessos dos naturalistas: "Pode ser que a humanidade um dia atinja tal nível de perfeição intelectual que todos participem dos conhecimentos do passado e, a partir de então, se abra num esforço comum ao futuro... numa ânsia comum e livre, como entre os eleitos no Céu... Então, a ciência, que hoje somente é tratada por uma minoria obscura e perdida na multidão, será exercida por milhões de pessoas que procuram, de maneira comum, a solução aguardada de problemas... Os primeiros cristãos esperavam diariamente a descida da Jerusalém Celestial e o Advento de Cristo para seu reinado. Eram tolos, não é verdade? Ah, a esperança não se engana, e eu estou convencido que todas as expectativas dos crentes serão realizadas e irão ainda mais além...".

Ainda um eco longínquo da divisão joaquimita do percurso histórico em três partes se encontra quando se fala do "terceiro *Reich*" (trad. "reino") do nazismo que, de fato, por meio de seus traços fanáticos e entusiastas lembra, em muitos aspectos, os antigos movimentos messiânicos de despertamento religioso. De qualquer forma, erigiu, ao contrário das tendências preponderantemente humanitárias das filosofias do progresso baseadas na dos sucessores de Joaquim de Fiore, um sistema de domínio hostil à liberdade e ao espírito. O termo remonta a um livro do ano de 1923 com o título

O terceiro Reino, no qual Arthur Moeller van den Bruck, autor hoje há muito esquecido, propagava uma revolução conservadora contra as idéias destrutivas, a seus olhos, do liberalismo.

O *"paraíso dos trabalhadores"*

Enquanto os ideólogos do progresso, aos quais pertence também a maioria dos primeiros socialistas do século XIX, esperavam um desenvolvimento constante da humanidade, direcionado para cima, Karl Marx e seus seguidores não puderam imaginar a irrupção definitiva da felicidade e do bem-estar sem uma revolução prévia dolorosa e sangrenta contra tudo o que estava estabelecido. Vêm à mente os profetas do Velho Testamento que vaticinavam o "Dia do Senhor" como um acontecimento terrível para os inimigos de Deus, ou ainda o Apocalipse de João, que faz irromper o reino de Cristo de mil anos apenas depois de uma guerra violenta contra Satã. Esses ecos bíblicos se mostram mais claramente em Moses Hess (1812-75), que, às vezes, lutou junto com Marx. Em seu livro *A santa história da humanidade* (1837), descreve a passagem do liberalismo para a sociedade comunista, que viverá em comunhão de bens sem propriedade particular e direito hereditário como a realização das esperanças bíblicas num "Reino de Deus" ou numa "Nova Jerusalém".

Contudo, Marx se recusa constantemente a descrever de forma precisa as novas circunstâncias de vida que se sucederiam após a grande mudança por meio da revolução. Uma das raras indicações de uma existência "paradisíaca", ao menos com relação ao trabalho — que não será mais uma maldição nem uma alienação —, encontra-se na sua *A ideologia alemã* de 1846: "Na sociedade comunista... onde cada indivíduo pode aperfeiçoar-se no campo que lhe aprouver, não tendo por isso uma esfera de atividade exclusiva, é a sociedade que regula a produção geral e me possibilita fazer hoje uma coisa, amanhã outra, caçar de manhã, pescar à tarde, pastorear à noite, fazer crítica depois da refeição, tudo isto a meu bel-prazer, sem por isso me tornar exclusivamente caçador, pescador ou crítico".

Como curiosidade se observaria que também o marxismo precisou criar em seu sistema um tipo de "situação intermediária" que se situava antes do "tempo de salvação" definitivo da sociedade sem classes. Pois quando a esperança da grande revolução universal, após a Primeira Guerra Mundial, não se realizou, mas os comunistas haviam sido vitoriosos na Rússia, resultou a necessidade da "construção do socialismo num país" como base para a revolução mundial ainda por vir. A União Soviética tentou aumentar seu potencial econômico com a típica fé no progresso, por meio da tecnologia e da industrialização. No entanto, não conseguiu oferecer bem-estar para todos os seus habitantes — de modo algum aquele "paraíso dos trabalhadores", sobre o qual sua propaganda tanto gostava de aludir.

O *paraíso artificial* das drogas

Para concluir, é preciso falar algo sobre os "paraísos artificiais" para os quais se vale das drogas como meio de acesso. Dividem-se, com respeito a sua atuação na psique, em três grupos: álcool e opiatos são substâncias entorpecentes; cocaína, juntamente com cafeína e nicotina pertencem ao grupo dos estimulantes, pois excitam a atividade do sistema nervoso central. O haxixe, em contrapartida, uma resina que se extrai das flores femininas do cânhamo indiano (*Cannabis indica*), moldada numa massa firme com borracha ou açúcar, desencadeia alucinações. É fumado em charutos ou misturado com tabaco em cigarros e, por meio de sua composição de tetraidrocanabinol (THC), provoca no cérebro uma situação agradável de embriaguez, com visões de luzes e cores, e a perda da sensação temporal.

Ópio e haxixe já eram conhecidos desde a Antiguidade, mas encontravam sua utilização ocasional somente para fins terapêuticos. Na Idade Média sabia-se do consumo de drogas nas terras orientais, mas não se fez, ao que parece, nenhum uso disso. Naquela época, entretanto, a "seita dos assassinos" causava tumulto, por causa dos seus atentados suicidas sob constante influência das drogas. Essa seita era vista como herética pelo islamismo ortodoxo, e uma série de dignatários e regentes islâmicos malquistos, além de dois príncipes das Cruzadas, estava entre suas vítimas nos séculos XI e XII. Dizia-se que o seu líder, o "Velho da Montanha", tinha montado jardins paradisíacos num castelo nas montanhas persas, com rios de leite, mel e vinho, repleto de belas virgens. Para lá teria levado homens jovens narcotizados com ópio e haxixe, de modo que, quando despertassem nos jardins, acreditariam estar no Paraíso descrito no Alcorão. Depois de alguns dias, nos quais se haviam ali deliciado completamente com as alegrias dos banquetes e do amor, seriam então de novo narcotizados por meio de um sonífero, levados para fora dali e caíam em profunda tristeza por não estarem mais no Paraíso. A partir de então o Velho da Montanha não teria dificuldade em passar aos jovens as tarefas assassinas mais perigosas, uma vez que não desejavam nada mais ardentemente do que atingir o Paraíso por meio da morte, pela causa do Islã. Não há dúvidas de que os Assassinos existiram de fato como organização secreta terrorista. Os detalhes fantásticos sobre seu recrutamento chegaram à Europa pelas Cruzadas; Marco Polo também narra algo semelhante na sua narrativa de viagem. Seu nome *assassino*, do árabe *haššišin*, que provavelmente significa "fumador de haxixe", entrou no português, no inglês e no francês como sinônimo de "homicida", sobretudo "assassino à traição".

Por meio dos contatos cada vez maiores com a Ásia, desde o século XVIII o consumo de drogas na Europa espalhou-se progressivamente, até que sua utilização em meados do século XX se tornou um fenômeno de massas. Em 1821-22 o escritor Thomas de Quincey publicou suas autobiográficas *Confessions of an English opium-eater* [Confissões de um comedor de ópio inglês], nas quais, de início, descreve exatamente não só os fenômenos corporais e psíquicos apresentados por seu consumo de ópio, mas também os sintomas de desintoxicação torturantes que sobrevêm quando consegue, por fim, abandonar a droga. Por volta de meados do século XIX, retornando de uma viagem à Argélia, um médico francês trouxe para Paris um material semelhante ao haxixe com finalidades terapêuticas, e tornou-se moda, então, o consumo do haxixe entre os artistas e poetas de lá. Encontravam-se no Club des hachichins, do qual, entre muitos outros, também participava Charles Baudelaire. Em seu ensaio publicado em 1860, *Les paradis artificiels*, Baudelaire descreveu pormenorizadamente as atuações das drogas do ópio e do haxixe. No êxtase do haxixe diferenciou três estados: inicialmente surge uma grande alegria e aumento das capacidades associativas, ao qual se seguem as alucinações que são determinadas pelo temperamento e pelo mundo de pensamentos de quem o consome, até que esse, num terceiro estado, é subjugado por um sentimento de bem-aventurança, que faz esquecer o tempo e qualquer dor psicológica ou corporal. Nessa tentativa de produzir por meios artificiais tal euforia sentida como paradisíaca, Baudelaire viu, contudo, uma evasão que, apesar de manter certas semelhanças com a inspiração artística, não liberta poderes criativos, mas antes os conduz ao enfraquecimento.

Também o LSD (ácido lisérgico), fabricado sinteticamente e descoberto de maneira acidental pelo químico suíço Albert Hofmann em 1943, pode, como o haxixe, causar alucinações "psicodélicas" (do grego *delosis* = "revelação") e ampliações de consciência, que são semelhantes às experiências místicas atingidas por meio de meditação. Como se sabe, vários psicanalistas e os escritores Aldous Huxley e Ernst Jünger o experimentaram. Para a sua avaliação devem valer as palavras de Baudelaire em face da artificialidade de tais métodos, sem falar de que não raro — em vez da esperada euforia — também instauram *"horror trips"*, que, em vez de conduzirem a um paraíso, levam ao inferno.

Epílogo

A INCURSÃO por entre os paraísos de outrora e os do futuro conduziu o leitor por um mundo de imagens e símbolos de grande poder atrativo, mas o colocou de novo face a face com estranhezas provavelmente hilárias. Mesmo quem vê nas representações dos mitos e religiões de uma existência sem sofrimentos nem dores, passada ou ainda por vir, nada mais do que uma projeção compreensiva — e em último caso, ilusória — dos anseios humanos, terá ficado admirado com o surpreendente empenho espiritual e imaginativo resultante disso.

Somente um desejo sério e urgente pôde ter desafiado tantos filósofos e teólogos, além dos poetas e artistas, a especulações sobre o que teria sido o homem originalmente e o que será dele depois do fim de sua existência terrestre. É evidente que se tratava pura e simplesmente do sentido e o objetivo da existência humana. Em face da experiência de uma vida freqüentemente cheia de sofrimentos e da certeza da morte, o homem foi forçado a questionar-se se sua ânsia de felicidade algum dia poderia encontrar a sua realização.

Também quem vive na esperança de que o desassossego do homem será, um dia, acalmado precisa contentar-se com a limitação da força imaginativa humana. Ela pode falar sobre lugares e situações de perfeita felicidade apenas por meio de imagens do seu mundo conhecido, o qual será, oportunamente, libertado de tudo

25. *Mulheres trabalhando no jardim*, vinheta da edição de
Vadian do Horto de Walahfrid Strabo, 1512.

que se pareça como limitação e como Mal. Que as declarações forçosamente aparecem encerradas dentro do mundo imagético de cada cultura, mostra-se claro na multiplicidade de representações: na Idade do Ouro e no exuberantemente irrigado Jardim do Éden; nos eternos campos de caça indígenas; nas Ilhas dos Bem-aventurados; no Paraíso de Maomé ou nas diferentes divisões no Céu cristão.

Não é coincidência que o Paraíso (falando claramente: o "jardim") tenha mantido, até hoje, seu papel significativo como imagem ou metáfora nos sonhos das pessoas de um passado feliz ou de um futuro feliz. Diferentemente do campo de lavoura, que na maior parte das vezes é associado com o cansaço e o suor, um pedaço de terra que se transformou em um jardim florido desperta sentimentos de felicidade, pois, no jardim, o homem pressente, mais intensamente do que em qualquer paisagem natural, que as plantas e as árvores, as pedras e os cursos d'água não só são úteis e oportunos das mais variadas formas, mas também pertencem ao mundo que aponta para si mesmo por meio de sua beleza. Um poeta chinês expressou isso com precisão: "Que prazer passear num jardim! Dou uma volta no infinito". Ou mesmo na Idade Média, com palavras um pouco diferentes, o monge de Sankt Gallen, Notker Labeo (morto em 1022), disse num louvor aos jardins: "na sua amabilidade se revela o divino".

Abreviaturas dos livros bíblicos e dos escritos extrabíblicos:

Os escritos extrabíblicos são marcados com um asterisco (*)

Ap	Apocalipse de João
At	Atos dos Apóstolos
*Bar. gr.	Livro grego de Baruque
*Bar. sir.	Livro sírio de Baruque
Ct	Cântico dos Cânticos
Co	Epístola aos Coríntios
Dn	Livro de Daniel
Dt	Livro do Deuteronômio (Quinto Livro de Moisés)
Ec	Livro de Eclesiastes/Kohelet
Ef	Epístola aos Efésios
*En. esl.	Livro eslavo de Enoque
*En. et.	Livro etíope de Enoque
*IV Esdr.	Quarto Livro de Esdras
Êx	Livro do Êxodo (Segundo Livro de Moisés)
Gl	Epístola aos Gálatas
Gn	Livro de Gênesis (Primeiro Livro de Moisés)
Hb	Epístola aos Hebreus
Is	Livro de Isaías
Jo	Evangelho de João

*Jub.	Livro dos Jubileus
Lc	Evangelho de Lucas
*Mac.	Livro dos Macabeus
*IV Mac.	Quarto Livro dos Macabeus
Mc	Evangelho de Marcos
Mt	Evangelho de Mateus
Nm	Livro de Números (Quarto Livro de Moisés)
Pe	Epístolas de Pedro
Rm	Epístola aos Romanos
Sl	Livro dos Salmos
Sm	Livro de Samuel
*Vita	Vida de Adão e Eva

BIBLIOGRAFIA

Fontes

Stuttgarter Erklärungsbibel. *Die Heilige Schrift nach der Übersetzung Martin Luthers mit Einführungen und Erklärung.* 2ª ed. Stuttgart, 1992.
Neue Jerusalemer Bibel. Tradução unificada com o comentário da Bíblia de Jerusalém. Freiburg/Br, 1985.
Der Koran. Tradução do árabe de Max Henning. Introdução e notas de Annemarie Schimmel. Stuttgart, 1991.
HENNECKE-SCHNEEMELCHER, E. (org). *Neutestamentliche Apokryphen in deutscher Übersetzung.* 2 v., 3ª ed., 1964.
RIESSLER, Paul. *Altjüdisches Schrifttum außerhalb der Bibel.* 4ª ed. Heidelberg, 1979.

Produção individual selecionada

ANGENENDT, Arnold. *Geschichte der Religiosität im Mittelalter.* 2ª ed. Darmstadt, 2000.
ASSMANN, Jan. *Tod und Jenseits im Alten Ägypten.* Munique, 2001.
BURKERT, Walter. *Antike Mysterien. Funktionen und Gehalt.* 2ª ed. Munique, 1991.
_____. *Die Griechen und der Orient. Von Homer bis zu den Magiern.* Munique, 2003.
DELUMEAU, Jean. *Le paradis.* Paris, 2001.
_____. *Une histoire du Paradis.* V.1: *Le jardin des délices.* Paris, 1992; V. 2: *Mille ans de Bonheur.* Paris, 1995; V. 3: *Que reste-t-il du paradis?* Paris, 2000.
DINZELBACHER, Peter (org.). *Mittelalterliche Visionsliteratur. Eine Anthologie.* Darmstadt, 1989.
GIEBEL, Marion. *Das Geheimnis der Mysterie. Antike Kulte in Griechenland, Rom und Ägypten.* Zurique/Munique, 1990.

GRIMM, Reinhold R. *Paradisus cœlestis – paradisus terrestris. Zur Auslegungsgeschichte des Paradieses im Abendland bis um 1200.* Munique, 1997.
JUNKER, Detlef. *Power and mission. Was Amerika antreibt.* Freiburg/Br, 2003.
KLOFT, Hans. *Mysterienkulte der Antike: Götter — Menschen — Rituale.* Munique, 1999.
KRAUSS, Heinrich; KÜCHLER, Max. *Erzählungen der Bibel. Das Buch Genesis in literarischer Perspectiv. Die biblische Urgeschichte.* Göttingen, 2003.
LANG, Bernhard. *Himmel und Hölle. Jenseitsglaube von der Antike bis heute.* Munique, 2003.
_____; McDANNELL, Colleen. *Der Himmel. Eine Kulturgeschichte des ewigen Lebens.* Frankfurt/Main, 1996.
LE GOFF, Jacques. *La naissance du purgatoire.* Paris, 1981. Em alemão: *Geburt des Fegfeuers.* Tradução de Ariane Forkel. Stuttgart, 1984.
LEWIS, Bernhard. *Die Assassinen. Zur Tradition des religiöses Mordes im radikalen Islam.* Frankfurt/Main, 1989.
MAIER, Berhard. *Die Religion der Germanen. Götter Mythen Weltbild.* Munique, 2003.
MAYER-TASCH, Peter Cornelius; MAYERHOFER, Bernd (orgs.). *Hinter Mauern ein Paradies. Der mittelalterliche Garten.* Frankfurt/Main, 1998.
RINPOCHE, Sogyal. *Das tibetische Buch von Leben und Sterben.* 5ª ed. Berna/Munique/Viena, 1993.
SCHMIDT, Heinrich; SCHMIDT, Margarethe. *Die vergessene Bildersprache christlicher Kunst.* 2ª ed. Munique, 1982.
SCHREINER, Josef. *Alttestamentarisch-jüdische Apokalyptik. Eine Einführung.* Munique, 1969.
STAUSBERG, Michael. *Die Religion Zarathustras. Geschichte — Gegenwart — Rituale.* V. 1, Stuttgart/Berlim/Colônia, 2002.
UERSCHELN, Gabriele; KALUSOK, Michaela. *Wörterbuch der europäischen Gartenkunst.* Stuttgart, 2003.
VAN DÜLMEN, Richard (org.). *Das Täuferreich zu Münster 1534-1535.* Munique, 1974.
VIELHAUER, Philipp. *Geschichte der urchristlichen Literatur.* Berlim/Nova York, 1975.
WIDENGREN, Geo. *Die Religion Irans.* Stuttgart, 1965.
ZAIDMAN, Louise Bruit; PANTEL, Pauline Schmitt. *Die Religion der Griechen. Kult und Mythos.* Do francês por Andreas Wittenberg. Munique, 1994.

ÍNDICE DE ASSUNTOS E DE PESSOAS

Abel, 61, 89, 116, 120
Abraão, 35, 57, 61, 142, 146, 149, 155, 157-8, 162, 183, 188
adamitas, 198
Adão, 15, 16, 38, 50, 53, 55, 61, 66, 69-71, 73-4, 77-81, 83-4, 86-95, 104, 110-2, 119, 124, 142, 145-6, 148, 162, 178, 183-4, 198
Agostinho, Santo, 76, 77, 79-81, 103, 182, 196
Alberico de Settefrati, 172
Alexandre de Hales, 77
Alexandre, o Grande, 107
al-Ghazali, 186
anabatistas, 198
Angela de Foligno, 167
Antíoco, rei selêucida, 142, 149
Apocalipse de João, 99, 154, 159, 162, 168, 180, 192-4, 203, 206
apocalípticos, 143
Aristóteles, 106
arte, 86, 94-5, 97, 102, 167-8
Árvore da Vida, 22, 31-2, 57-9, 73, 96, 100, 103, 107, 120, 141, 147, 154, 160, 162
Árvore do Conhecimento, 32, 40, 45, 51, 58, 84, 89, 122
assassinos, 208

Bach, Johann Sebastian, 181
Bahrein, ilha de, 21
banquete celestial, 158
Bartas, Guillaume de Saluste du, 91
Baudelaire, Charles, 209, 210
Beda, o Venerável, 173-4
Behaim, Martin, 110
Bem e mal, 32
Bem e Mal, 60, 67, 69, 121-2, 132-3, 143
Bento XII, papa, 176
Birgitta da Suécia, 167
Bloom, Harold, 38
Böhm, Hans, 197
Bossuet, bispo, 115
Brant, Sebastian, 86
Buber, Martin, 53
Buda, 137-8, 190

Caim, 45, 61, 89, 116, 120, 123
Calvino, 113-4, 181
Cam, 79
Campos Elísios, 24, 94, 128-30
Ceilão, 111
Cícero, 134
Cipriano, 166
claustro, 98-9
Cocanha, 31, 86

Colombo, 110, 111
Comte, Auguste, 204
Condorcet, marquês de, 204
conhecer, 44
Cosmas Indicopleustes, 104
Cranach, Lucas, o Velho, 23, 29, 85, 86
Cristo, 37, 65-6, 68-71, 73, 80, 83, 86-7, 89-90, 95-6, 101-3, 115, 125, 139, 142, 146, 151, 154-5, 157-9, 162-3, 165-6, 170, 176, 181-3, 192, 194, 196-200, 205-6
Cronos/Saturno, 22, 26
cultos de mistério, 131, 132

Dante Alighieri, 177
Darwin, Charles, 115
Deloks, 171
Delumeau, Jean, 17, 204
Deméter, 131
diferença de sexos, 44, 75
Dilmun, 21
Dioniso, 131
drogas, 207, 208, 209
Dura Europos, 95

Eco, Umberto, 106, 109
Éden, 15-7, 19, 24, 30, 32-3, 39, 58-9, 65-6, 72, 74-5, 80, 83, 86, 94, 99, 103, 110, 112, 116, 123, 125, 140, 144-5, 147, 159-60, 167-8, 177-8, 182, 212
Edwards, Jonathan, 200
Elêusis, 131
Elias, 142, 146, 149, 164, 187
Elisabeth von Schönau, 167
Elísio, 129
Enoque, 142, 146, 147, 148, 149, 164, 187
entusiastas (*Schwarmgeister*), 196, 198
Epimeteu, 25
escravidão, 80

eternos campos de caça, 127, 212
etiologia, 62, 63, 119
Eudes, 197
Eufrates, 33, 105, 109, 114
Eva, 15, 50, 55, 61-2, 70-3, 78-81, 86-96, 110, 112, 119, 178, 198
Experiências de quase morte, 170, 171, 174
Eyck, Jan van, 169
Ezequiel, 140, 145

fariseus, 151
Filo de Alexandria, 103
Flávio Josefo, 104, 151
folhas de figueira, 42, 49, 97
fonte da juventude, 85, 86, 173

Gabriel, arcanjo, 187, 188
Gênesis, 28, 35, 37-8, 57, 61, 68, 73, 78, 81, 91, 115, 119-20, 125, 159, 160, 162
Gilgamesh, 11, 21, 31, 63
Gregório de Tours, 197
Gregório Magno, papa, 172

Hades *ver* mundo inferior
Haydn, Joseph, 93
hebraico, 30, 33, 36-8, 44, 52-5, 59, 72, 74, 100, 113, 122
Hércules, 32
Hesíodo, 12, 22, 25, 26, 129
hespérides, 32
Hess, Moses, 206
Hildegard von Bingen, 95
História primitiva, 114
história primitiva bíblica, 61, 62, 118
Hofmann, Albert, 210
homem/ser humano, 16, 19, 22-3, 25, 27, 32, 36-7, 39-40, 44, 50-1, 53, 55, 57, 61, 66-70, 74, 77-9, 89-90, 113, 115-7, 119-20, 122, 135, 151, 159, 184, 197, 200, 202-6

Homero, 24, 129
hortus conclusus, 99, 100
Huxley, Aldous, 210

Idade da Prata, 27
Idade do Bronze, 27
Idade do Ferro, 25, 27, 203
Idade do Ouro, 16, 22, 23, 24, 25, 26, 203, 212
Igreja Neo-apostólica, 199
Igreja Oriental, 94, 175, 176
Ilhas dos Bem-aventurados, 16, 26, 128, 130, 134
Imã, 191
imortalidade, 21, 31, 32, 40, 43, 63, 64, 120, 133, 151
indulgências, 181
Inferno, 16, 68, 81, 163, 172, 176, 177, 178, 184, 186
Irineu de Lyon, 70, 71, 194
Isaac, 57, 61, 149, 157, 158
Isidoro de Sevilha, 105, 167
Islã, 106, 183, 191, 208

Jacó, 36, 61, 121, 149, 157, 158
Jan van Leyden, 198
Jardim do Éden *ver* Éden
jardim do Paraíso mariano, 100
jardim dos feácios, 24
jardins de mosteiro, 99
jardinzinho de especiarias, 103
Jean de Joinville, 105
Jerusalém, 28, 90, 99, 110, 115, 139-42, 153, 158-62, 170, 178, 182, 187-8, 194, 197, 199, 205-6
Jerusalém celestial, 159, 160, 162, 170, 182
Jesus *ver* Cristo
Jima, 22
João XXII, papa, 176
Joaquim de Fiore, 205
julgamento dos mortos, 130

Jünger, Ernst, 210
Júpiter, 26

Kailash, 114
Käsemann, Ernst, 144
Klopstock, Friedrich Gottlieb, 93
Kübler-Ross, Elisabeth, 171, 173

Lang, Bernhard, 16
Le Goff, Jacques, 16
Leibniz, Gottfried Wilhelm, 74
Lilith, 87, 88
Lope de Vega, 91
luteranos, 181
Lutero, Martinho, 73, 74, 78, 112, 163, 198

maçã, 15, 96, 116
madeira da cruz, 89
Mahdi, 191
Maitreya, 190
Mandeville, John, Sir, 107
mandrágora, 121, 122
Mann, Thomas, 146
Maomé, 183, 185, 187, 188, 212
Maria, 70, 71, 73, 83, 90, 96, 102, 103, 164, 170, 180, 197
Martinho de Tours, São, 172
mártires, 157, 164, 169, 186, 194
Marx, Karl, 12, 206
matrimônio, 95, 123, 198
Mechthild von Magdeburg, 167, 168
Melanchthon, 182
Mesopotâmia, 28, 113, 114, 141
messianismo, 191
milenarismo/quiliasmo, 196, 202
Milton, John, 75, 87, 91, 92, 93, 107, 114, 115
Moeller van den Bruck, Arthur, 206
Moisés, 24, 28, 90, 142, 149, 162, 183, 203
Moisés Bar Kephas, 104

Moody, Raymond, 171, 173
mórmons, 199
morte, 16, 26, 39, 42-3, 46, 50-1, 53-5, 57, 60, 63, 65-6, 68-9, 71, 74, 76, 80, 86-7, 89, 92-4, 96, 118, 127-8, 130-3, 135, 137, 139, 141, 143-5, 148-9, 151, 153-5, 157, 159-60, 163-4, 171, 173-4, 176, 181-2, 186, 192, 194, 208, 211
mulher, a primeira, 16, 34, 35, 60, 84, 87, 95, 123; *ver também* Eva
mundo inferior, 128-31, 133, 143, 146, 148-9, 157, 163, 171, 176

nazismo, 205
Newton, Isaac, 115
Noé, 61, 79, 104
Notker Labeo, 213
Novo Éon, 143, 144
nudez, 42, 44, 47, 198

ordem social, 198
Orfeu, 95, 131, 146
Orígenes, 103, 166, 194
otimismo no progresso, 202
Ovídio, 12, 23, 26

Pai-Nosso, 158
Pandora, 25, 26
Paradeiser, 111
paraíso dos trabalhadores, 206, 207
Parmênides, 134
Paulo, apóstolo, 69, 70, 78, 154, 160, 163, 165, 167, 182
paz entre homem e animais, 81
pecado original, 39-40, 61, 65-7, 69, 76-7, 79, 81, 84, 93, 96, 112-3, 117, 118, 123, 159, 162, 183, 198
Pedro, dom (infante português), 109
pias de batismo, 98
Pitágoras, 135
planta do mosteiro de Sankt Gallen, 99

Platão, 12, 22, 132, 133, 134, 135, 171
Plutarco, 132
preste João (rei-padre), 106, 107, 109
Priestley, Joseph, 204
Prometeu, 25
psicologia das profundezas, 116
Purgatório, 16, 164, 168, 175, 176, 177, 178, 180, 181

querubins, 58, 59, 110
quiliasmo, 196
Quincey, Thomas de, 209

Raleigh, Walther, Sir, 24
Reino (de Cristo) de mil anos, 192, 194, 196, 199, 200, 206
reino dos céus, 155, 158, 197
Renan, Ernest, 205
Renascimento, 25, 96, 110
ressurreição, 65-6, 100, 102, 131, 133, 139, 144, 148-53, 155, 163-4, 175-7, 181-3, 194, 196, 199
rios do Paraíso, 97, 98
rituais de enterro, 127
Ruysbroek, Jan van, 167

Sachs, Hans, 86, 91
saduceus, 152, 153
São Brendano, ilha de, 110
Satã, 65, 67, 68, 70, 88, 96, 143, 183, 192, 194, 196, 199, 206
seio de Abraão, 155, 156, 157, 164, 175, 181
serpente, 16, 38-9, 42-51, 53-5, 58, 60, 62-4, 67-70, 72, 74, 90-2, 94-6, 119-22, 192
Seuse, Heinrich, 167
sexualidade, 45, 60, 75, 77, 88, 121, 123
Shambhala, 190
Suárez, Francisco, 113
sufis, 185

sufismo, 171
Sulpicius Severus, 172

taboritas, 197
Tanchelm, 197
Tasso, Torquato, 75, 91
terra pura, 137, 138
Tigre, rio, 33, 88, 105, 109, 113, 114
Tomás de Aquino, 77, 105
trabalho, 34, 39, 50, 51, 53, 54, 60, 66, 81, 112, 206
Tundalo/Tnugdal, 173

Ussher, James, 115
Utnapishtim, 31, 63

Vespúcio, Américo, 111
viagens celestes, 146, 147, 187, 188
Virgílio, 130
Vondel, Joost van den, 91

Xenofonte, 30

Zaratustra, 132, 133, 142, 144
Zeus, 22, 25, 26, 129

Este livro, composto na fonte Fairfield
e paginado por Alves e Miranda Editorial Ltda,
foi impresso em Pólen Soft 80g na Prol Editora Gráfica.
São Paulo, Brasil, no inverno de 2006.